全国中等职业学校国际商务专业系列教材
商务部十二五规划教材
中国国际贸易学会规划教材

语文（下）

主　编　杨鸣红
副主编　于万里　续建宏

中国商务出版社
CHINA COMMERCE AND TRADE PRESS

图书在版编目（CIP）数据

语文. 下／杨鸣红主编. —北京：中国商务出版
社，2015.7
全国中等职业学校国际商务专业系列教材　商务部十
二五规划教材　中国国际贸易学会规划教材
ISBN 978-7-5103-1357-8

Ⅰ.①语…　Ⅱ.①杨…　Ⅲ.①语文课—中等专业学校
—教材　Ⅳ.①G634.301

中国版本图书馆 CIP 数据核字（2015）第 186342 号

全国中等职业学校国际商务专业系列教材
商务部十二五规划教材
中国国际贸易学会规划教材

语文（下）
YUWEN

主　编　杨鸣红
副主编　于万里　续建宏

出　　版：中国商务出版社
发　　行：北京中商图出版物发行有限责任公司
社　　址：北京市东城区安定门外大街东后巷 28 号
邮　　编：100710
电　　话：010—64269744　64218072（编辑一室）
　　　　　010—64266119（发行部）
　　　　　010—64263201（零售、邮购）
网　　址：http://www.cctpress.com
网　　店：http://cctpress.taobao.com
邮　　箱：cctp@cctpress.com；bjys@cctpress.com
照　　排：北京开和文化传播中心
印　　刷：北京密兴印刷有限公司
开　　本：787 毫米×1092 毫米　1/16
印　　张：9　字　数：146 千字
版　　次：2015 年 7 月第 1 版　　2015 年 7 月第 1 次印刷

书　　号：ISBN 978-7-5103-1357-8
定　　价：25.00 元

编 委 会

本书编委会

主　编　杨鸣红

副主编　于万里　续建宏

参　编　段晓玲　乔瑞丽　吴予华　王二明
　　　　王凯湘　王毅玲　续建宏　于万里
　　　　杨　光　杨鸣红　张爱民　张　力

总　序

　　为贯彻全国教育工作会议精神和教育规划纲要，建立健全教育质量保障体系，提高职业教育质量，以科学发展观为指导，全面贯彻党的教育方针，落实教育规划纲要的要求，满足经济社会对高素质劳动者和技能型人才的需要，全面提升职业教育专业设置和课程开发的专业化水平，教育部启动了中等职业学校专业教学标准制订工作。按照教育部的统一部署，在全国外经贸职业教育教学指导委员会的领导和组织下，我们制定了中职国际商务专业教学标准。

　　新教学标准的制定，体现了以下几方面的特点：

　　1. 坚持德育为先，能力为重，把社会主义核心价值体系融入教育教学全过程，着力培养学生的职业道德、职业技能和就业创业能力。

　　2. 坚持教育与产业、学校与企业、专业设置与职业岗位、课程教材内容与职业标准、教学过程与生产过程的深度对接。以职业资格标准为制定专业教学标准的重要依据，努力满足行业科技进步、劳动组织优化、经营管理方式转变和产业文化对技能型人才的新要求。

　　3. 坚持工学结合、校企合作、顶岗实习的人才培养模式，注重"做中学、做中教"，重视理论实践一体化教学，强调实训和实习等教学环节，突出职教特色。

　　4. 坚持整体规划、系统培养，促进学生的终身学习和全面发展。正确处理公共基础课程与专业技能课程的关系，合理确定学时比例，严格教学评价，注重中高职课程衔接。

　　5. 坚持先进性和可行性，遵循专业建设规律。注重吸收职业教育专业建设、课程教学改革优秀成果，借鉴国外先进经验，兼顾行业发展实际和职业教育现状。

　　为适应中职国际商务专业教学模式改革的需要，中国商务出版社于2014 年春在北京组织召开了中职国际商务专业系列教材开发研讨会，来自北京、上海、广东、山东、浙江的 30 余位国际商务专业负责人和骨干教师参会。会议决定共同开发体现项目化、工学结合特征的15门课程教材，并启动该项目系列教材的编写。目前，教材开发工作进展顺利，并将于2015年春季陆续出版发行。

本系列教材的编写原则是：

1. 依据教育部公布的中职国际商务专业标准来组织编写教材，充分体现任务驱动、行为导向、项目课程的设计思想。

2. 设计的实践教学内容与外贸企业实际相结合，以锻炼学生的动手能力。

3. 教材将本专业职业活动分解成若干典型的工作项目，按完成工作项目的需要和岗位操作规程，结合外贸行业岗位工作任务安排教材内容。

4. 教材尽量体现外贸行业岗位的工作流程特点，加深学生对外贸岗位及工作要求的认识和理解。

5. 教材内容体现先进性、实用性和真实性，将本行业相关领域内最新的外贸政策、先进的进出口管理方式等及时纳入教材，使教材更贴近行业发展和实际需求。

6. 教材内容设计生动活泼并有较强的操作性。

在具体编写过程中，本系列教材得到了有关专家学者、院校领导，以及中国商务出版社的大力支持，在此一并表示感谢！由于编者水平有限，书中疏漏之处在所难免，敬请读者批评指正。

姚大伟　教授
2014 年 12 月 28 日于上海

前　言

在教育部全国外经贸教育教学委员会的组织领导下，全国各省市的著名中等职业学校，为实践教育部关于中等职业学校课程改革的有关精神，联袂规划了中等职业学校的"十二五"国际商务专业教材。本语文教材是指定的公共基础课程教材。

本语文教材编写者大部分来自活跃于全国各中等职业学校教学一线的教师，感谢网络，让散居各地的教师能迅疾地沟通意见，确定框架，选定文本。其间的繁复，纠结，意见不同产生的情绪非亲历者实在难以体会。

某张报纸的专栏作家，旅居国外多年，在专栏前的自我介绍中这样写道：爱读书——闲书，不爱读书——教科书。作家求个新颖，说点夺人眼球的话也无可厚非。但是一个学生时代就不喜欢读语文书的人，成年后成为了作家，那只能是语文教材编者的遗憾了。

如何才能编写出一本受学生爱读的，让老师爱用的语文教材是让本教材每位参编者竭尽脑力的问题。借此前言，诚意为每位本教材的使用者介绍拙作的特点。

以下就体例的形成，文本的选定角度归纳本教材的特点：

一、篇幅适用，结构简单

本教材共分四册，可供四个学期使用。其中应用文分册单列，其余三册分上中下，考虑到各省市学校语文教学时间安排长短不一致，可以方便各校选用。建议应用文分册不管语文课时安排一学年还是两个学年，尽量安排完整的一个学期实施教学。应用文写作是中等职业学校学生语文实际能力的最好体现，是语文教学和企业岗位需求"无缝对接"的最好实践。其余三册教材，注重语文学科知识体系的相对完整和统一，单元安排以现代文，文言文分类，再根据现代文不同的文体建立单元，在教材组成上我们力求精简，只以文本为内容，不夹杂任何补充材料，让教材轻薄但文本就课时来说足够使用。

二、选文兼顾中外，注重传统，体现时代

本教材选文古今中外兼顾，传统的经典篇目为主，但也遴选了不少时代感强烈的美文佳作。经过时间的沉淀，以往教学经验的积累，传统篇目的光彩可以更好地引领学生体味厚重的祖国传统文化，增加学生对汉语言文字的亲近感。入选课文以帮助学生构建正确的价值观，健康的人生观为原则，让课文洋溢的人文气息熏陶学生，帮助他们成长，养成高尚的人文情操。

三、注重导学，启发思维

本语文教材每篇课文前编写了精炼的阅读提示，为学生做了最充分的导学，同时也方便教学。

课后思考题设计不满足于一般的字词解释，尽量不在一个知识点上重复，控制题量。注意客观题和开放题的比重，引导学生养成思维习惯，探究意识，让学生自觉体悟学习语文的需要和快乐。

最后，感谢各位同仁，在繁忙的教学之余，在匆忙的时间内做了最从容的应对，按时完成了教材的编写。同时，最感谢商务出版社的闫红广编辑为教材的按时出版付出了最大的努力。教材的落实，还得到了教育部，外经贸教委，参编学校的领导的大力支持，再此见表衷心的感谢。

编者

2015 年 7 月 8 日

目 录

第一单元　散　文

一、灯　光

王愿坚[1]

阅读提示

灯光，我们都非常熟悉，平时并不特别注意它。本课作者却对灯光有着特殊的感受，因为在他的经历中，围绕灯光，发生过一个感人的故事。阅读课文，想想课文讲了一件什么事。"多好啊！"这句话在课文中出现了几次，各是在什么情况下说的？他们在说这句话时，看到的是什么，可能想到了什么？请同学们互相交流一下读了课文后的感受。

我爱到天安门广场走走，尤其是晚上。广场上千万盏灯静静地照耀着天安门广场周围的宏伟建筑，使人心头感到光明，感到温暖。

清明节前的一个晚上，我又漫步在广场上，忽然背后传来一声赞叹："多好啊！"我心头微微一震：是什么时候听到过这句话来着？噢，对了，那是很久以前了。于是，我沉入了深深的回忆。

1947年的初秋，当时我是战地记者。挺进豫皖苏平原的我军部队，把国民党军57师紧紧地包围在一个叫沙土集的村子里。激烈的围歼战就要开始了。天黑的时候，我摸进一片茂密的沙柳林，在匆匆挖成的交通沟里找到了突击连，来到了郝副营长的身边。

郝副营长是一位著名的战斗英雄，虽然只有22岁，已经打过不少仗了。今晚就由他带领突击连去攻破守敌的围墙，为全军打开歼灭敌军的道路。大约一切准备工作都完成了，这会儿，他正倚着交通沟的胸墙坐着，一手夹着自制的烟卷，拿着火柴盒，一手轻轻地划着火柴。他并没有点烟，却借着微弱的亮光看摆在双膝上的一本破书。书上有一幅插图，画的是一盏吊着的电灯，一个孩子正在灯下聚精会神地读书。他注视着那幅图，默默地沉思着。

"多好啊！"他在自言自语。突然，他凑到我的耳边轻轻地问："记者，你见过电灯吗？"

我不由得一愣，摇了摇头，说："没见过。"我说的是真话。我从小生活在农村，真的没见过电灯。

"听说一按电钮，那玩意儿就亮了，很亮很亮……"他又划着一根火柴，点燃了烟，又望了一眼图画，深情地说，"赶明儿胜利了，咱们也能用上电灯，让孩子们都在那样亮的灯光底下学习，该多好啊！"他把头靠在胸墙上，望着漆黑的夜空，完全陷入了对未来的憧憬里。

半个小时以后，我刚回到团指挥所，战斗就打响了。三发绿色的信号弹升上天空，接着就是震天动地的炸药包爆炸声。守敌的围墙被炸开一个缺口，突击连马上冲了进去。没想到后续部队遭到敌人炮火猛烈的阻击，在黑暗里找不到突破口，和突击连失去了联系。

整个团指挥所的人都焦急地钻出了地堡，望着黑魆魆的围墙。突然，黑暗里出现一星火光，一闪，又一闪。这火光虽然微弱，对于寻找突破口的部队来说已经够亮了。战士们靠着这微弱的火光冲进了围墙，顿时响起了一片喊杀声。

后来才知道，在这千钧一发的时刻，是郝副营长划着了火柴，点燃了那本书，举得高高的，为后续部队照亮了前进的路。可是，火光暴露了他自己，他被敌人的机枪打中了。

这一仗，我们消灭了敌人的一个整编师。战斗结束后，我们把郝副营长埋在茂密的沙柳丛里。这位年轻的战友不惜自己的性命，为了让孩子们能够在电灯底下学习，他自己却没有来得及见一见电灯。

事情已经过去很长时间了。在天安门前璀璨的华灯下面，我又想起这位亲爱的战友来。

课文注释

1. 王愿坚：（1929—1991）当代作家，山东诸城县人。

课后练习

一、阅读课文，说说郝副营长给你留下了怎样的印象？

二、课文以灯光为题，开头结尾都提到天安门前的灯，有什么深意？

三、联系课文内容，细心揣摩以下语句。

1. "多好啊！"这一声平常的赞叹，使我心里微微一震。

2. 他把头靠在胸墙上，望着漆黑的夜空，完全陷入对未来的憧憬里去了。

3. 这位年轻的战友，为了让孩子们能够在电灯下学习，他自己却没有来得及见一见电灯。

4. 那千万盏灯，高悬在夜空里，静静地照耀着宽阔的广场和宏伟的建筑群，就像数不清的眼睛，深情地望着天安门，令人心头感到光明，感到温暖。

二、牡丹的拒绝[1]

张抗抗

阅读提示

本文是当代著名女作家张抗抗的一篇优美的散文。文章没有像众多描写牡丹的作品那样一味赞美牡丹的雍容华贵、绚丽多姿，而是独辟蹊径，通过对牡丹花开花落的描写，着力赞美牡丹的拒绝，赞扬牡丹不慕虚华、对生命执着追求的精神。

文章运用拟人化手法，而作者丰沛的情感和对牡丹的热烈赞颂更是依托比喻和排比的形式倾注于笔端。

它被世人所期待、所仰慕、所赞誉，是由于它的美。它美得秀韵多姿，美得雍容华贵，美得绚丽娇艳，美得惊世骇俗。它的美是早已被世人所确定、所公认了的。它的美不惧怕争议和挑战。有多少人没有欣赏过牡丹呢？

却偏偏要坐上汽车火车飞机轮船，千里万里爬山涉水，天南海北不约而同，揣着焦渴与翘盼的心，滔滔黄河般地涌进洛阳城。

欧阳修[2] 曾有诗云：洛阳地脉花最宜，牡丹尤为天下奇。

传说中的牡丹，是被武则天[3] 一怒之下逐出京城[4]，贬去洛阳的。却不料洛阳的水土最适合牡丹的生长。于是洛阳人种牡丹蔚然成风，渐盛于唐，极盛于宋。每年阳历四月中旬春色融融的日子，街巷园林千株万株牡丹竞放，花团锦簇香云缭绕——好一座五彩缤纷的牡丹城。

所以看牡丹是一定要到洛阳去看的。没有看过洛阳的牡丹就不算看过牡丹。况且洛阳牡丹还有那么点来历，它因被贬而增值而名声大噪，是否因此勾起人的好奇也未可知。

这一年已是洛阳的第九届牡丹花会。这一年的春却来得迟迟。

连日浓云阴雨，四月的洛阳城冷风飕飕。

街上挤满了从很远很远的地方赶来的看花人。看花人踩着年年应准的花期。

明明是梧桐发叶，柳枝滴翠，桃花梨花姹紫嫣红，海棠更已落英纷纷——可洛阳人说春尚不曾到来；看花人说，牡丹城好安静。

一个又冷又静的洛阳，让你觉得有什么地方不对劲。你悄悄闭上眼睛不忍寻觅。你深呼吸掩藏好了最后的侥幸，姗姗步入王城公园。你相信牡丹生性喜欢热闹，你知道牡丹不像幽兰习惯寂寞，你甚至怀着自私的企图，愿牡丹接受这提前的参拜和瞻仰。

然而，枝繁叶茂的满园绿色，却仅有零零落落的几处浅红、几点粉白。一丛丛半人高的牡丹枝株之上，昂然挺起千头万头硕大饱满的牡丹花苞，个个形同仙桃，却是朱唇紧闭，皓齿轻咬，薄薄的花瓣层层相裹，透出一副傲慢的冷色，绝无开花的意思。偌大的一个牡丹王国，竟然是一片黯淡萧瑟的灰绿……

一丝苍白的阳光伸出手竭力抚弄着它，它却木然呆立，无动于衷。

惊愕伴随着失望和疑虑——你不知道牡丹为什么要拒绝，拒绝本该属于它的荣誉和赞颂？

于是看花人说这个洛阳牡丹真是徒有虚名；于是洛阳人摇头说其实洛阳牡丹从未如今年这样失约，这个春实在太冷，寒流接着寒流怎么能怪牡丹？当年武则天皇帝令百花连夜速发以待她明朝游玩上苑，百花慑于皇威纷纷开放，惟独牡丹不从，宁可发配洛阳。如今怎么就能让牡丹轻易改了性子？

于是你面对绿色的牡丹园，只能竭尽你想像的空间。想像它在阳光与温暖中火热的激情；想像它在春晖里的辉煌与灿烂——牡丹开花时犹如解冻的大江，一夜间千朵万朵纵情怒放，排山倒海惊天动地。那般恣意那般宏伟，那般壮丽那般浩荡。它积蓄了整整一年的精气，都在这短短几天中轰轰烈烈地迸发出来。它不开则已，一开则倾其所有挥洒净尽，终要开得一个倾国倾城，国色天香。

你也许在梦中曾亲吻过那些赤橙黄绿青蓝紫的花瓣，而此刻你须在想像中创造姚黄魏紫豆绿墨撒金白雪塔铜雀春锦帐芙蓉烟绒紫首案红火炼金丹[5]……想像花开时节洛阳城上空被牡丹映照的五彩祥云；想像微风夜露中颤动的牡丹花香；想像被花气濡染的树和房屋；想像洛阳城延续了一千多年的"花开花落二十日，满城人人皆若狂"之盛况。想像给予你失望的纪念，给予你来年的安慰与希望。牡丹为自己营造了神秘与完美——恰恰在没有牡丹的日子里，你探访了窥视了牡丹的个性。

其实你在很久以前并不喜欢牡丹。因为它总被人作为富贵膜拜。后来你目睹了一次牡丹的落花，你相信所有的人都会为之感动：一阵清风徐来，娇艳鲜嫩的盛期牡丹忽然整朵整朵地坠落，铺散一地绚丽的花瓣。那花瓣落地时依然鲜艳夺目，如同一只奉上祭坛的大鸟脱落的羽毛，低吟着壮烈的悲歌离去。牡丹没有花谢花败之时，要么烁于枝头，要么归于泥土，它跨越萎顿和衰老，由青春而死亡，由美丽而消遁。它虽美却不吝惜生命，即使告别也要留给人最后一次惊心动魄的体味。

所以在这阴冷的四月里，奇迹不会发生。任凭游人扫兴和诅咒，牡丹依然安之若素。它不苟且不俯就不妥协不媚俗，它遵循自己的花期自己的规律，它有权利为自己选择每年一度的盛大节日。它为什么不拒绝寒冷?!

天南海北的看花人,依然络绎不绝地涌入洛阳城。人们不会因牡丹的拒绝而拒绝它的美。如果它再被贬谪[6]十次,也许它就会繁衍出十个洛阳牡丹城。

于是你在无言的遗憾中感悟到,富贵与高贵只是一字之差。同人一样,花儿也是有灵性、有品位之高低的。品位这东西为气为魂为筋骨为神韵只可意会。你叹服牡丹卓尔不群之姿,方知"品位"是多么容易被世人忽略或漠视的美。

课文注释

1. 选自《你对命运说:不!》(世界知识出版社,1994 年版)。张抗抗,1950 年出生于杭州,当代作家。

2. 欧阳修:北宋文学家、史学家。

3. 武则天:公元 655 年被唐高宗立为皇后,公元 690 年自称圣神皇帝,改国号为周。

4. 京城:指长安,为唐代都城。

5. 姚黄……火炼金丹:均为牡丹名花名。

6. 贬谪(biǎn zhé):原指古代官吏因过失或犯罪而被降职或流放,这里指牡丹被逐出京城,迁往外地。

课后练习

一、通读全文,讨论以下问题。

1. 构思巧妙、脉络清晰是本文的一大特点。文章可以分为几个部分?请分别用一句话概括每个部分的大意。

2. 人们为什么从四面八方赶到洛阳观看牡丹?

3. 标题是"牡丹的拒绝",牡丹拒绝的是什么?牡丹为什么要拒绝?

二、作者写"牡丹的拒绝",并不是就牡丹而写牡丹,而是运用了托物言志的写法,作者赞美牡丹的真正目的是要赞美什么?

三、牡丹之美,惊世骇俗。作者这样评价牡丹,自有寓意。请结合文章有关内容,说说你对这一评价的理解。

三、雅　舍

梁实秋

阅读提示

"雅舍"是作者住所的名称，名为"雅舍"，其实简陋不堪，作者居住其中却自有乐趣，体现出一种乐观豁达幽默的文人情怀和人生态度。仔细阅读课文，体会作者感受，理清行文脉络，把握各部分内容要点。

　　到四川来，觉得此地人建造房屋最是经济。火烧过的砖，常常用来做柱子，孤零零的砌起四根砖柱，上面盖上一个木头架子，看上去瘦骨嶙嶙，单薄得可怜；但是顶上铺了瓦，四面编了竹篦墙，墙上敷了泥灰，远远的看过去，没有人能说不像是座房子。我现在住的"雅舍"正是这样一座典型的房子。不消说，这房子有砖柱，有竹篦墙，一切特点都应有尽有。讲到住房，我的经验不算少，什么"上支下摘"，"前廊后厦"，"一楼一底"，"三上三下"，"亭子间"，"茅草¹棚"，"琼楼玉宇"和"摩天大厦"，各式各样，我都尝试过。我不论住在哪里，只要住得稍久，对那房子便发生感情，非不得已我还舍不得搬。这"雅舍"，我初来时仅求其能蔽风雨，并不敢存奢望，现在住了两个多月，我的好感油然而生。虽然我已渐渐感觉它并不能蔽风雨，因为有窗而无玻璃，风来则洞若凉亭，有瓦而空隙不少，雨来则渗如滴漏²。纵然不能蔽风雨，"雅舍"还是自有它的个性。有个性就可爱。

　　"雅舍"的位置在半山腰，下距马路约有七八十层的土阶。前面是阡陌螺旋的稻田。再远望过去是几抹葱翠的远山，旁边有高粱地，有竹林，有水池，有粪坑，后面是荒僻的榛莽未除的土山坡。若说地点荒凉，则月明之夕，或风雨之日，亦常有客到，大抵好友不嫌路远，路远乃见情谊。客来则先爬几十级的土阶，进得屋来仍须上坡，因为屋内地板乃依山势而铺，一面高，一面低，坡度甚大，客来无不惊叹，我则久而安之，每日由书房走到饭厅是上坡，饭后鼓腹而出是下坡，亦不觉有大不便处。

　　"雅舍"共是六间，我居其二。篦墙不固，门窗不严，故我与邻人彼此均可互通声息。邻人轰饮作乐，咿唔诗章，喁喁细语，以及鼾声、喷嚏声、吮汤声、撕纸声、脱皮鞋声，均随时由门窗户壁的隙处荡漾而来，破我岑寂。入夜则鼠子瞰灯，才一合眼，鼠子便自由行动，或搬核桃在地板上顺坡而下，或吸灯油而推翻烛台，或攀援而上帐顶，或在门框桌脚上磨牙，使得人不得安枕。但是对于鼠子，我很惭愧的承认，我"没有法子"。"没有法子"一语是被外国人常常引用着的，以为这话最足代表中国人的懒惰隐忍的态度。其实我的对付鼠子并不懒惰。窗上糊纸，纸一戳就破；门户关紧，而相鼠有牙，一阵咬便是一个洞洞。试问还有什么法子？洋鬼子住到"雅舍"里，不也是没有法子？比鼠子更骚扰的是蚊子。"雅舍"的蚊风之盛，是我前所未见的。"聚蚊成雷"真有其事！每当黄昏时候，满屋里磕头碰脑的全是蚊子，又黑又大，骨骼都像是硬的。在别处蚊子早已肃清的时候，在"雅舍"则格外猖獗，来客偶不留心，则两腿伤处累累隆起如玉蜀黍，但是我仍安之。冬天一到，蚊子自然绝迹，明年夏天——谁知道我还是否住在"雅舍"！

"雅舍"最宜月夜——地势较高，得月较先。看山头吐月，红盘乍涌，一霎间，清光四射，天空皎洁，四野无声，微闻犬吠，坐客无不悄然！舍前有两株梨树，等到月升中天，清光从树间筛洒而下，地上阴影斑斓，此时尤为幽绝。直到兴阑人散，归房就寝，月光仍然逼进窗来，助我凄凉。细雨蒙蒙之际，"雅舍"亦复有趣。推窗展望，俨然米氏章法[3]，若云若雾，一片弥漫。但若大雨滂沱，我就又惶悚不安了，屋顶湿印到处都有，起初如碗大，俄而扩大如盆，继则滴水乃不绝，终乃屋顶灰泥突然崩裂，如奇葩初绽，砉然一声而泥水下注，此刻满室狼藉，抢救无及。此种经验，已数见不鲜。

"雅舍"之陈设，只当得简朴二字，但洒扫拂拭，不使有纤尘。我非显要，故名公巨卿之照片不得入我室；我非牙医，故无博士文凭张挂壁间；我不业[4]理发，故丝织西湖十景以及电影明星之照片亦均不能张我四壁。我有一几一椅一榻，酣睡写读，均已有着，我亦不复他求。但是陈设虽简，我却喜欢翻新布置。西人常常讥笑妇人喜欢变更桌椅位置，以为这是妇人天性喜变之一征。诬否[5]且不论，我是喜欢改变的。中国旧式家庭，陈设千篇一律，正厅上是一条案，前面一张八仙桌，一边一把靠椅，两旁是两把靠椅夹一只茶几。我以为陈设宜求疏落参差之致，最忌排偶。"雅舍"所有，毫无新奇，但一物一事之安排布置俱不从俗。人入我室，即知此是我室。笠翁《闲情偶寄》之所论，正合我意。

"雅舍"非我所有，我仅是房客之一。但思"天地者万物之逆旅"，人生本来如寄，我住"雅舍"一日，"雅舍"即一日为我所有。即使此一日亦不能算是我有，至少此一日"雅舍"所能给予之苦辣酸甜，我实躬受亲尝。刘克庄词："客里似家家似寄。"我此时此刻卜居"雅舍"，"雅舍"即似我家。其实似家似寄，我亦分辨不清。

长日无俚，写作自遣，随想随写，不拘篇章，冠以"雅舍小品"四字，以示写作所在，且志因缘。

课文注释

1. 茆（máo）草：同"茅草"。
2. 漏：古代计时的漏壶，以水从壶中滴出计时。

3. 米氏章法：指北宋书画家米芾父子不求工细、随意点染的写意水墨画风格。

4. 不业：不从事。

5. 诬否：真实与否。

课后练习

一、以课文语句为依据，分析下列问题。

1. 在你眼里，"雅舍"是名副其实？在作者眼里，他的房子是"雅"还是"不雅"呢？

2. 既然称其为"雅舍"，作者为什么又细致地描述了它的"陋"？它"雅"在哪里？"陋"在哪里？

3. 对于如此恶劣的环境，梁实秋却称其"有个性"、"可爱"，这表现出他怎样的人生态度？

二、结合加点的字，品味下列语句，体会作者乐观、豁达的精神境界。

1. 火烧过的砖，常常用来做柱子，孤零零的砌起四根砖柱，上面盖上一个木头架子，看上去瘦骨嶙嶙，单薄得可怜；但是顶上铺了瓦，四面编了竹篾墙，墙上敷了泥灰，远远的看过去，没有人能说不像是座房子。

2. 篾墙不固，门窗不严，故我与邻人彼此均可互通声息。

3. "雅舍"的蚊风之盛，是我前所未见的。"聚蚊成雷"真有其事！每当黄昏时候，满屋里磕头碰脑的全是蚊子，又黑又大，骨骼都像是硬的。

4. 看山头吐月，红盘乍涌，一霎间，清光四射，天空皎洁，四野无声，微闻犬吠，坐客无不悄然！

四、妈妈的手[1]

琦君

阅读提示

这是一篇回忆性散文，作者先写"我"与孩子相处的情景，感叹自己的孩子捶捶背就要报酬的心态，接着展开自己对母亲的种种回忆，如母亲的辛劳、母亲的功勉等，后悔自己年轻时不懂得孝顺母亲，最后写身为母亲的快乐来自于家人的满足与体贴，并且追忆母亲那一双慈爱且温暖的手。

阅读时，抓住标题"妈妈的手"作为切入点，思考作者围绕"妈妈的手"写了哪些生活场景，表达了作者怎样的情感。

忙完了一天的家务，感到手膀一阵阵的酸痛，靠在椅子里，一边看报，一边用右手捶着自己的左肩膀。儿子就坐在我身边，他全神贯注在电视的荧光幕上，何曾注意到我。我说：“替我捶几下吧！”

“几下呢？”他问我。

“随你的便。”我生气地说。

“好，五十下，你得给我五毛钱。”

于是他几拳在我肩上像擂鼓似地，嘴里数着“一、二、三、四、五……”像放连珠炮，不到十秒钟，已满五十下，把手掌一伸：“五毛钱。”

我是给呢，还是不给呢？笑骂他：“你这样也值五毛钱吗？”他说：“那就再加五十下，我就要去写功课了。”我说：“免了、免了，五毛钱我也不能给你，我不要你觉得挣钱是这样容易的事。尤其是，给长辈做一点点事，不能老是要报酬。”

他噘着嘴走了。我叹了口气，想想这一代的孩子，再也不同于上一代了。要他们鞠躬如也地对长辈杖履追随，已经是不可能的事。我却又想起，自己当年可曾尽一日做儿女的孝心？

从我有记忆开始，母亲的一双手就粗糙多骨的。她整日的忙碌，从厨房忙到稻田，从父亲的一日三餐照顾到长工的“接力”。一双放大的小脚没有停过。手上满是裂痕，西风起了，裂痕张开红红的小嘴。那时哪来像现在主妇们用的“萨拉脱、新奇洗洁精”等等的中性去污剂，洗刷厨房用的是强烈的碱水，母亲在碱水里搓抹布，有时疼得皱下眉，却从不停止工作。洗刷完毕，喂完了猪，这才用木盆子打一盆滚烫的水，把双手浸在里面，浸好久好久，脸上挂着满足的笑，这就是她最大的享受。泡够了，拿起来，拉起青布围裙擦干。抹的可没有像现在这样讲究的化装水、保养霜，她抹的是她认为最好的滋润膏——鸡油。然后坐在吱吱咯咯的竹椅里，就着菜油灯，眯起近视眼，看她的《花名宝卷》。这是她一天里最悠闲的时刻。微弱而摇晃的菜油灯，黄黄的纸片上细细麻麻的小字，就她来说实在是非常吃力，我有时问她：“妈，你为什么不点洋油灯呢？”她摇摇头说：“太贵了。”我又说：“那你为什么不去爸爸书房里照着明亮的洋油灯看书呢？”她更摇摇头说：“你爸爸和朋友们作诗谈学问。我只是看小书消遣，怎么好去打搅他们。”

她永远把最好的享受让给爸爸，给他安排最清净舒适的环境，自己在背地里忙个没完，从未听她发出一声怨言。有时，她真太累了，坐在板凳上，捶几下胳膊与双腿，然后叹口气对我说：“小春，别尽在我跟前绕来绕去，快去读书吧。时间过得太快，你看妈一下子就已经老了，老得太快，想读点书已经来不及了。”

我就真的走开了，回到自己的书房里，照样看我的《红楼梦》《黛玉笔记》。老师不逼，绝不背《论语》《孟子》。我又何曾想到母亲勉励我的一番苦心，更何曾想到留在母亲身边，给她捶捶酸痛的手膀？

四十年岁月如梦一般消逝，浮现在泪光中的，是母亲憔悴的容颜与坚忍的眼神。有一次，我切肉不小心割破了手，父子俩连忙为我敷药膏包扎。还为我轮流洗盘碗，我应该感到很满意了。想想母亲那时，一切都只有她一个人忙，割破手指，流再多的血，她也不会喊出声来。累累的刀痕，谁又注意到了？那些刀痕，不仅留在她手上，也戳在她心上，她难言的隐痛是我幼小的心灵所不能了解的。我还时常坐在泥地上撒赖啼哭，她总是把我抱起来，用脸贴着我满是眼泪鼻涕的脸，她的眼泪流得比我更多。母亲啊！我当时何曾懂得您为什么哭。

我生病，母亲用手揉着我火烫的额角，按摩我酸痛的四肢，我梦中都拉着她的手不放——那双粗糙而温柔的手啊！

如今，电视中出现各种洗衣机的广告，如果母亲还在世的话，她看见了"海龙""妈妈乐"等洗衣机，一按钮子，左旋转，右旋转，脱水，很快就可穿在身上。她一定会眯起近视眼笑着说："花样真多，今天的妈妈可真乐呢。"可是母亲是一位永不肯偷懒的勤劳女性，我即使买一台洗衣机给她，她一定连连摇手说："别买别买，按电钮究竟不及按人钮方便，机器哪抵得双手万能呢！"可不是吗？万能的电脑，能像妈妈的手，炒出一盘色、香、味俱佳的菜吗？

课文注释

1. 琦君：当代台湾女作家、散文家。

课后练习

一、"于是他双拳在我肩上像擂鼓似的，嘴里数着'一、二、三、四、五……'像放连珠炮……""像擂鼓似的"表现了儿子对母亲怎样的态度？

二、"我生病，母亲用手揉着我火烫的额角，按摩我酸痛的四肢，我梦中都拉着她的手不放——那双粗糙而温柔的手啊"一句中为什么将"粗糙"和"温柔"两个词语并列使用？

三、文章记叙了母亲日常生活中的一些琐事，流露出作者对母亲深切的怀念之情。母亲在性格上有哪些优秀之处影响了"我"？

四、朱自清写"父爱"，从"背影"落笔；本文作者写"母爱"，从"手"入笔。结合自己实际，围绕父母最触动你的某一方面写一段话。

第二单元　说明文

五、海洋与生命[1]

童裳亮

阅读提示

本文用设置小标题的方法，从几个侧面展示丰富多彩的海洋生命世界，用生动的语言介绍有关的科学知识。

课文里提到许多科学概念，阅读时要力求记住这些概念的名称，理解它们的含义，理清概念之间的关系。

浩瀚的海洋

站在祖国的海滨，观赏一下海洋的景色吧。辽阔的海洋，无尽的碧波在荡漾，在金色的阳光下，像无数面银镜在闪闪发亮，海渐远，天渐低，海洋在远方和蓝天相接。

翻开世界地图，看一看世界的面貌吧，整个地球表面，海茫茫，水汪汪，世界大陆只是耸出海面的一些岛屿，一些群山。

海洋确实浩大，世界海洋的总面积有 3.61 亿平方公里，约占地球面积的 71%。而世界陆地的面积只有 1.49 亿平方公里，大约占 29%。

海洋不仅很大，而且很深。海洋的平均深度是 3800 米。而世界大陆的平均海拔高度只有 840 米。如果地球表面没有高低，全部被海水包围，水深将有 2440 米。海洋最深的地方是太平洋的马利亚纳海沟，最大深度是 11034 米。我国西南边境的珠穆朗玛峰是世界最高的山峰，它的海拔高度是 8848 米。

如果将珠穆朗玛峰移到马利亚纳海沟，峰顶距海面还有 2000 米！

所以地大不如海大，山高不如海深。

生命的摇篮

我们人类祖祖辈辈在陆地上生活，总是把陆地看作是自己的故乡，但是不要忘记，我们很远的祖先却生活在海洋。

大约在32亿年以前，最原始的生命在海洋里诞生，根据化石所见，这些原始的生命和今天的细菌相似，它们以海洋里自然形成的一些有机物为生，所以是一些"异养生物"。大约一亿年以后，才出现像蓝藻一样的原始生命，这些原始的蓝藻含有光合色素，能进行光合作用，也就是说它们在地球历史上第一次能以取之不尽、用之不竭的太阳作为能源，以水、碳酸盐（或二氧化碳）、硝酸盐、磷酸盐等无机物作为原料，合成富含能量的有机物——糖、淀粉、蛋白质、脂肪等。因此，这是一批自食其力的"自养生物"。

原始生命的诞生，像一声春雷，打破了地球的死寂，开辟了地球历史的新纪元，这些原始生命在和大自然的搏斗中生存、发展，经过亿万年的进化，逐步形成了原生生物、海绵动物、环节动物、软体动物、节肢动物、棘皮动物，以至出现了像鱼类这样比较高等的海洋脊椎动物，原始生命向另一个方向发展，又形成了许多海洋藻类[2]。

生命在海洋里诞生绝不是偶然的，海洋的物理和化学性质，使它成为孕育原始生命的摇篮。

我们知道水是生物的重要组成部分，许多动物组织的含水量在80%以上，而水母[3]一类的含水量高达95%。水是新陈代谢的重要媒介，没有水，体内的一系列生理和生物化学反应就无法进行，生命也就停止。因此在短时期内，动物缺水要比缺食物更危险，水对于今天的生命是这样重要，它对脆弱的原始生命，更是举足轻重了。生命在海洋里诞生，就不会有缺水之忧。

水是一种良好的溶剂，海水中含有许多种人生命所必需的无机盐，如氯化物、碳酸盐、硝酸盐、磷酸盐，还有溶解氧，原始生命可以毫不费力地从水中吸取它所需要的元素。

水具有很高的热溶量，加之水体浩大，任凭夏季烈日曝晒，冬季寒风扫荡，海水的温度变化却比较小，因此巨大的海洋就像是天然的温箱，是孕育原始生命的温床。

阳光虽然是生命所必需，但是阳光中的紫外线却有扼杀原始生命的危险。水能有效地吸收紫外线，因而又为原始生命提供了天然的屏障。

这一切都是原始生命产生和发展的必要条件。

原始海洋的海水是淡的。在历史过程中，由于雨水冲刷，陆地上的无机盐被洗入江河，成年累月地倾注入海，再加上海水不断蒸发，使海水的含盐量不断增加，在生命起源的那个时期，海水还可能是比较淡的，到了无脊椎动物大量出现的那个时期，即距今五六亿年以前，海水可能是半咸的，今天绝大部分动物的体液，包括我们人体的体液在内都是半咸的，这是当时海水状况的重要见证。

正像温室里的花朵经不起风吹雨打一样，优越的海洋环境也限制了生物向高级的方向发展。高等动物和高等植物都是在陆地上诞生的，爬行类、鸟类、哺乳类动物是原始的海洋鱼类移居陆地以后才慢慢进化起来的，而陆地植物则是由海洋藻类进化而来，这种移居陆地的过程很可能是被迫的，由于地壳的变动和气候的变迁，一部分海洋变成了陆地，迫使一些水生的植物化为根、茎、叶，根钻进土壤吸收养料和水分，叶在空气中吸收阳光进行光合作用，茎起着连接和支持植物体的作用。陆地动物逐步进化出四肢，以适应在陆地上的奔跑。由于陆地气候干燥、气温变化较大，于是陆地动物又进化出致密的皮肤和保温的毛发。总之，陆地的艰苦环境锻炼了生物，使它们的身体结构更加精细，更加复杂，更加完善。

今天的海洋，除了鱼类外，也有一些高等动物在那里生活着，如海龟、海蛇等爬行类，鲸、海豹等哺乳动物。海洋植物除了低等的藻类，也有少数的高等植物，这些高等动物是从陆地返回海洋的。

天然的牧场

辽阔的海洋，昔日是生命的摇篮，如今是天然的牧场。

海洋里的动物有肉眼看不见的原生物，有个体小种类繁多的甲壳动物，有人所喜食的鱼类，有地球上最大的动物——蓝鲸[4]。海洋的上空还有海鸟在展翅翱翔。

形形色色的海洋动物已成为人类副食品的重要来源。人类每年从海洋里捕获的鱼虾已达几千万吨，而且每年以百分之几的速度在增长着。如果海洋水产资源能得到适当的保护和合理的开发，将来每年的鱼获量可望达到两亿吨左右。

经验告诉我们，哪里森林成阴，哪里就百鸟齐鸣；哪里牧草丛生，哪里便牛羊成群，海洋的情形也不例外。这是因为植物能依靠太阳光来合成有机物，动物只能以植物生产的现成有机物作为燃料，来开动自己这部生命机器。尽管有些动物是吃肉的，但是这些动物所猎食的动物，到头来还以植物为生。

你来到海边，会看到各种各样的海洋植物（海藻），有绿色的石莼、浒苔和礁膜，有褐色的红海带和裙带菜，有红色的紫菜和石花菜，还有形状像羽藻，细长如绳的绳藻等，可以说五颜六色，形状万千、无所不有。这些较大的海藻，有的是人们的珍贵食品，有的是重要工业原料和药材，有些海藻已进行人工养殖。奇怪的是，许多海洋动物并不吃这茂盛的海洋牧草。

离开海岸较远的广阔海面，很难再看到海洋植物的踪影了，那里真的没有植物吗？不，那里有植物，只是肉眼看不见罢了。在海里取一滴水，放在显微镜下观察，你会看到许多单细胞海藻。有的细胞外面有一个由硅质组成的硬壳，这是硅藻；有的细胞长着两根细长的鞭毛，在水中游来游去，这多半是甲藻。硅藻和甲藻是海洋中主要单细胞藻，此外还有其它单细胞海藻。

不要小看这些单细胞海藻，它们是海洋的主人，它们的数量很多——约占海洋植物总量的95％，分布广——分布在占地面积2/3的海洋上，它们每年通过光合作用制造的有机物，约等于陆地植物的总产量或是更多。就是它们，供养几百亿吨的海洋动物，是真正的海洋牧草，而生长在沿岸一带的大型海藻，不管它们怎样令人注目、讨人喜爱，它们在海洋植物界却是微不足道的。

课文注释

1. 选自《科学与实验》，1997年，第7期，有删改。童裳亮，1936年生，浙江临安市人，科普作家，长期从事仿生技术、海洋生物技术的教学和科学研究。

2. 海洋藻类：生长在海洋的低等绿色植物。

3. 水母：腔肠动物门中的一类水面浮游动物，如海蜇等。

4. 蓝鲸：也称"剃刀鲸"，体长20～25米，有的达30米，是现存最大的动物。

课后练习

一、本文在过渡、照应方面是比较讲究的，请结合课文内容做些分析。

二、按要求筛选信息，完成以下训练。

1. 制作一张资料卡片，记录第一部分里的主要数据。

2. 绘制一张图表，标题是"原始生命得以产生和发展的必要条件"。

三、揣摩课文语言，联系语境说说下面的语句好在哪里。

1. 所以，地大不如海大，山高不如水深。

2. 原始生命的诞生，像一声春雷，打破了地球的死寂，开辟了地球历史的新纪元。

3. 天然的牧场/海洋牧草。

4. 经验告诉我们，哪里森林成阴，哪里就百鸟齐鸣；哪里牧草丛生，哪里便牛羊成群。

六、骑车畅游紫禁城

——虚拟技术漫谈

陈祖甲

阅读提示

本文向我们介绍了科学技术领域的新发展。作者以具体生动的例子介绍了虚拟技术的发展历程和在现实生活中的应用，突出虚拟技术的逼真、神奇，引人入胜。

阅读这篇文章，不仅可以拓宽我们的知识视野，还可以增强我们的历史责任感，阅读时仔细体会。

北京的紫禁城，现在是故宫博物院，国家级文物保护单位。大概除了过去的末代皇帝溥仪之外，是不会有任何人在里面骑自行车的。这不仅是保护文物的需要，而且紫禁城里门槛多重，宫殿高低错落，也无法骑车。

然而，去年在"863计划"十周年展览会上，笔者有幸骑车畅游了一回紫禁城。笔者骑上一辆固定在架子上的自行车，戴上如同沙漠防风镜似的头盔，脚蹬踏板，紫禁城在眼前出现了。从午门骑车进去，跨过金水桥，再过太和门，一眨眼上了太和殿。这座象征着皇帝最高权力的宫殿在故宫的最高处，竟让我毫不费力、畅通无阻地骑车上去了。正在得意之时，不好，车子要撞墙了，赶紧拐弯，走边门，到了中和殿，真叫人又惊又喜又惋惜。要不是过于惊慌，刚才还可以停车，在太和殿观赏殿内景色。

明眼人看得出，这里用了一种模拟的方法。是的。这是采用计算机支持的虚拟技术，让人们到紫禁城畅游，跟玩电子游戏一样。不过虚拟现实技术是那样的逼真、现实，如同身临其境，令人慨叹信息技术的神奇。

虚拟技术（英文 Virtual Reality，简称 VR）是美国的拉尼尔（Jaron Lanier）在80年代初正式提出来的。他明确地说，研究此技术的目的是提供一种比传统计算机模拟更好的方法。

话说虚拟技术，可以追溯到40年代。当时为了训练飞行员，既节约时间，又减少费用，美国的专家研究了一台飞行模拟器。这实际上是一台复杂而又笨重的机械装置，没有多少直感。以后逐渐发展到计算机控制的大屏幕全景式显示模拟器，操作者有了直观的感觉。但是，显示器还不能随着操作者位置的变动而显示不同的景观。

60年代—70年代模拟技术大有发展。头盔显示器研制出来了。头盔上装有液晶显示器，立体声输出装置。随着操作者的头部位置的变动，显示器显示出不同的立体图像；不仅有视觉，而且有听觉、触觉和味觉。到80年代，综合集成传感器技术、实时仿真技术、计算机辅助技术、多媒体技术等多种高技术，正式定名为虚拟技术。这同传统的仿真模拟技术相比，使人感觉更加逼真、现实，犹如身临其境。所以，也可叫做临境技术。

人间有许多事情是人难以立即亲临的，否则是容易造成损失的。举最简单的例子：学开汽车，学习者是不能刚学完汽车原理，便开车上路的。但在练车场练习驾车，同公路上的实际状况又差距太大。虚拟现实技术则可以将你带入一个真实的环境，好像真是在公路上行驶。只是撞了人或障碍，有惊险的感觉，而无损失。练熟了上路，自然而然，没有异样的感觉。其他像潜水、到火星上行走、建筑设计、医疗和军事演习等等都能采用这一技术。

德国技术人员正在修复德累斯登市的一所大教堂。这所教堂建成于 100 多年前，在二次大战中被摧毁。技术人员将原始蓝图和历史照片输入计算机，应用虚拟技术，构成一个教堂的三维立体模型，根据这个模型，技术人员仔细地研究了教堂的正面结构、屋顶和金加工，并将废墟上的一些残砖断瓦放回原处。据美国《大众科学》报道，预计德累斯登大教堂将在 2003 年恢复原貌。

90 年代初发射到太空的哈勃望远镜需要维修。美国利用虚拟现实技术对维修人员进行培训，他在同太空环境相同的条件下练习操作，所以，1993 年 12 月，维修人员仅花了 35 小时多一点的时间，就完成了一项复杂的空间维修工作。

虚拟现实技术用有力的证据再次表明，以计算机为核心的信息技术的发展和应用，将使人类掌握更多的认识世界、改造世界的有力工具，对人类社会的经济和科学技术的发展起到更大的促进作用。

课后练习

一、阅读课文，完成下面问题。

1. 根据课文内容，简述虚拟技术的发展概况。

2. 根据课文内容，概括出虚拟技术在现实生活中的应用。

二、我们生活在科学技术飞速发展的时代，大家在生活节奏快速变化的今天，要不断提高自己观察生活的能力，加强个人对新信息传播的敏感度。请你利用网络资源搜集有关科学技术新发展的信息，然后整理成文，在班上与同学互相交流。有兴趣的同学还可以建立班级"科学技术交流平台"，大家随时把科技发展的新信息上传到平台上，实现资源共享。

七、人脑中的河[1]

陈 朴 林秀荣

阅读提示

这是一篇科普说明文，讲的是脑脊液在大脑脊髓中的流程，脑脊液对于大脑脊髓的作用，以及在医疗诊断上的用处。阅读时要把握文章的写作顺序，体会文章巧妙的语言。

"青山横北郭，白水绕东城。"在人体最高司令部——脑和脊髓这座城堡的周围，也环绕着一条小小的河流，河中流动着脑脊液。

　　人脑并不是个实心球。在它的满布皱襞的皮层下，峰回路转地形成了许多中空的沟、室、管、池。脑脊液便发源于其中的左右两个侧脑室。犹如山涧泉水般，从两个侧脑室内表面极细的血管组成的脉络丛中，点点滴滴地渗透出来，汇集成涓涓细流，经过第三脑室、中脑导水管、第四脑室进入脑中之湖——大脑延髓池。最后，离开脑湖倾泻而下，沿着紧贴在脑与脊髓外周的两层薄膜（软脑膜和蛛网膜）之间的河床——蛛网膜下腔向前流动。这样一来，长达 75 厘米的脊髓和重达 1200～1500 克的人脑全部浸泡在河水之中。在整个流动过程，脑脊液被颅顶部的蛛网膜上的微细颗粒逐渐吸收，重新返回到产生它的母亲——血液之中去。

　　脑脊液这条小河总量仅 150 毫升，占人体内总水量的 1.5%，每六至八小时全部更新一次，生生不息，日夜畅流。在脑脊液这条小河中，流着无色透明的液体，它不断溶解并携带糖分、蛋白、氯化钠以及钙、钾、钠、镁等微量元素，还有肌酐、尿素、胆固醇等代谢产物。河中还行驶着巡航小艇——淋巴细胞、白细胞等。这条小河直接滋润着脑和脊髓这一块人体中最重要也最神秘的土地，把营养带给中枢神经，运走了代谢产生的废物。一旦最高司令部堡垒遭到外敌的侵袭，小河还能快速地从人体其他部位运进各种抵抗力量。同时这条小小的河流，还能通过流量流速的变化来调节坚硬颅骨包围下的颅腔内的压力，使之处于平衡状态。

　　然而，脑脊液这条小河不可替代的最重要作用，是作为脑与脊髓的液体软垫，减弱、吸收、消散人体在进行各种活动时所遇到的外界对脑和脊髓的震动，使中枢神经不受干扰，保持在安宁静谧的环境中正常工作。

　　人们在征服病魔时也直接利用到这条小河。当一个人的脑膜或脊髓发生病变时，脑脊液能最先最直接地出现变化：或是变得浑浊不透明，或是渗有血液，或是液流中各种物质如细胞、蛋白质、糖、氯化物有了增减，或是出现压力升降，或是泛滥成灾，例如脑积水时小河暴涨总量高达 5000 毫升，是正常量的数十倍，如此等等。人们通过椎骨间的空隙穿刺，引流出几滴脑脊液化验检查，便可一目了然做出诊断。这便是俗话说的"抽脊水"。当然，与脑脊液总量及生成速度相比，抽出数滴影响甚微，有的人一听说"抽脊水"便顾虑重重，那倒是大可不必的。此外，向脑脊液中注入药物治疗，或是注入各种麻醉剂进行手术，这些都是人们不断探索的结果。

　　"君到姑苏见，人家尽枕河"。其实，每个人的脑子里不都枕着一条清澈透明、盘旋曲折的小河吗？

课文注释

1. 《语文教学与研究》1986 年 Z1 期。

课后练习

一、试用最简练的语言概括第二自然段中脑脊液的整个流动过程。

二、本文以诗句开头，又以诗句结尾，有什么好处？

三、说说本文语言有哪些特色。

八、时间的脚印[1]

陶世龙

阅读提示

时间会留下脚印吗？日出日落，月圆月缺，四季更替，河水流逝，大自然的变化，都潜藏着时间的踪影。这篇课文就为我们分析了岩石记录时间的奇异功能，它们是原始的"钟表"，述说着远古的故事。阅读时，要注意本文的说明层次，看看作者是怎样把死寂的岩石写得生动有趣的。

时间伯伯，
你是最伟大的旅行家，
你从不犹豫你的脚步，
你走过历史的每一个时代。
　　　　——高士其《时间伯伯》

时间一年一年地过去。

时间是没有脚的，而人们却想出了许多法子记录下它的踪迹，用钟表、用日历……但是，在地球上还没有出现人的时候，或者在人还不知道记录时间的时候，到哪里去找寻时间的踪迹呢？

然而，时间仍然被记下来了。在大自然中保存着许多种时间的记录，那躺在山野里的岩石，就是其中重要的一种。每一厘米厚的岩层便代表着几十年到上百年的时间。

在北京故宫，我们还可以看到一种古老的计时装置：铜壶滴漏——水从一个铜壶缓缓地滴进另一个铜壶，时间过去了，这个壶里的水空了，那个壶里的水却又多了起来。时间是看不见的，但是我们用水滴记下了逝去的时间。

岩石是怎样记下时间的呢？

大自然中的各种物质都时时刻刻在运动着：这里在死亡，那里在生长；这里在建设，那里在破坏。就在我们读这篇文章的时候，地球上某些地方的岩石在被破坏，同时它们又被陆续搬运到低洼的地方堆积起来，开始了重新生成岩石的过程。

真的有"海枯石烂"的时候。

到过山里的人都看见过，在那悬崖绝壁下面，往往堆积着一大摊碎石块。碎石是从哪里来的呢？还不是从那些山崖上崩落下来的！再仔细瞧瞧，还会发现有些还没有崩落的山崖也已经有了裂缝。

不要认为岩石是坚固不坏的，它无时无刻不经受着从各方面来的"攻击"：炎热的阳光烘烤着它，严寒的霜雪冷冻着它，风吹着它，雨打着它……

空气和水中的酸类，腐蚀了岩石中的一部分物质。水流和风还不断地冲刷、吹拂着它。特别是刮风沙的时候，就像砂轮在有力地转动，岩石被磨损得光溜溜的，造成了许多奇形怪状的石头。

水和空气还能够进入岩石内部的孔隙中造成破坏。

雨水落到河湖里，渗入到地下，都对岩石有破坏作用。即使在海洋中，海水也在不断地冲击着岸上的石壁。如果大量的水结成了冰，形成冰河，它缓慢地移动着，破坏作用就更大了，就好像一柄铁扫帚从地上扫过，刨刮着所遇到的一些石头。

地面上和地下的生物，也没有放弃对岩石的破坏。

当然我们也不能忘掉人的作用。例如，在建筑兰新铁路的时候，一个山头在几分钟内就被炸掉了，这相对地质作用的速度可要快多了。

大块的石头破碎成小块的石子，小块的石子再分裂成细微的沙砾、泥土。狂风吹来了，洪水冲来了，冰河爬来了，碎石、沙砾、泥土被它们带着，开始了旅行。

越是笨重的石块越跑不远，越是轻小的沙砾越能旅行到遥远的地方。它们被风吹向高空，被水带入大海。蒙古高原发生了风暴之后，北京的居民便忙着掸去身上的尘土。黄河中下游河水变得浑浊，谁都知道这是西北黄土高原被破坏的结果。在山麓、沟壑、河谷、湖泊、海洋等比较低洼的地方，有许多泥沙不断地被留下来，它们填充着湖泊，垫高了河床。我国洞庭湖的面积逐渐缩小，黄河下游的水面比地面还高，就是有许多泥沙沉积下来的结果。

一年过去了，两年过去了……泥沙越积越厚。堆得厚了，对下层泥沙的压力也逐渐加重，泥沙中的水分被压出了许多，颗粒与颗粒之间压得很紧，甚至可以有分子间的引力。在受到重压的时候，有一些物质填充到泥沙中的孔隙里去，就使泥沙胶结得更紧密了。

经过长期的重压和胶结，那些碎石和泥沙重新形成了岩石。

根据计算，大约 3000 ~ 10000 年的时间，可以形成一米厚的岩石。岩石在最初生成的时候，像书页一样平卧着，一层层地叠在一起，最早形成的"躺"在最下面。因为水面是平的，如果湖底也是水平的话，那么从水中分离出来的沉淀物就也是水平地分布着的。

当然，如果海洋或湖泊的底是倾斜的话，那么沉淀物堆积的面也就随着倾斜。在湖边、海边形成的岩石就常常是这样的。

岩石生成以后不断地改变着自己的样子。由于地壳的运动，原来平卧的岩层变得歪斜甚至直立了，但是层与层之间的顺序还不致打乱，根据这些我们仍然可以知道过去的年月。

岩石保存了远比上面所说的多得多的历史痕迹。

有一种很粗糙的石头，叫做"砾岩"。你可以清楚地看到，砾岩中包含着从前的鹅卵石。这说明了岩石生成的地方是当时陆地的边缘，较大的石子不能被搬到海或湖的覆盖着的岩层，它里面的物质颗粒却逐渐变细了，这是什么道理呢？这是因为地壳下沉，使原来靠岸的地方变成了海洋的中心。

从"死"的石头上，我们看到了地壳的活动。

石头颜色的不同，也常常说明着地球上的变化。红色的岩石意味着当时气候非常炎热，而灰黑色常常是寒冷的表示。如果这里的石头有光滑的擦痕，那很可能从前这里有冰河经过。

古代生物的状况，在岩石中更有着丰富的记录。许多生物的尸体由于和泥沙埋在一起，被泥沙紧紧包裹住，没有毁灭消失，而让别的矿物质填充了它的遗体，保留了它的外形甚至内部的构造。在特殊的情况下，某些生物的尸体竟完整地保存下来了，如北极冻土带中的长毛象、琥珀中的昆虫。所有这些都叫做"化石"。

化石是历史的证人，它帮助我们认识地球历史的发展过程。

例如，很多地方都发现了一种海洋生物三叶虫的化石。它告诉我们，在离现在大约六亿多年前到五亿多年前的那个叫做"寒武纪"的时代，地球上的海洋是多么的宽广。许多高大树木的化石告诉我们，有一个时期地球上的气候是温暖而潮湿的，这是叫做"石炭纪"的时代的特征。还有一些"象"和"犀牛"都长上了长长的毛，这准是天气冷了，说明了"第四纪"冰河时期的来临。

自然界某些转眼就消逝的活动，在石头上也留下了痕迹。如雨打沙滩的遗迹，水波使水底泥沙掀起的波痕，古代动物走过的脚印和天旱时候泥土龟裂[2]的形象……

瞧！大自然给我们保留了多好的记录。实际上，地球上的记录比这篇文章所介绍的还要丰富得多，这里不过是拉开了帷幕的一角而已。

当然，读懂这些记录要比认识甲骨文、钟鼎文或者楔形文字更困难些。但是，不管多么困难，我们总有办法来读懂它。而在读懂以后，不仅使我们增加了知识，而且还有助于我们去找寻地下的宝藏。例如，"寒武纪"以前形成的古老陆块内藏有许多铁矿；"石炭纪"时期又造成了许多煤矿。如果我们熟悉了这些石头的历史，便有可能踏着历史的脚印，一步一步地走向地下的宝库。

课文注释

1. 陶世龙，被中国科普作家协会评为有突出成就的科普作家。
2. 龟（jūn）裂：裂开许多缝隙。

课后练习

一、课文中有些段落只有一句话，起承上启下的作用。请找出几个这样的例子，说说它们各自承启了哪些内容。

二、课文在说明岩石可以记录时间后，接着写了一段介绍北京故宫"铜壶滴漏"的内容，这样写是否偏离了主旨？为什么？

三、学完这篇课文，你是否对岩石有了更深入的了解？试以"海枯石烂"为题，写一首小诗，抒发一下你的感受。

第三单元　议论文

九、你可以不成功但不能不成长

杨　澜

阅读提示

学生通过文本的阅读应能够准确地把握作者的行文思路以及本文的中心论点，培养收集和整理材料的能力，训练口语表达能力，体会作者的成长感悟，从而树立正确的人生观和价值观，为以后的职业学习和就业铺路。

我还记得我第一次采访基辛格博士，那时我还在美国留学，刚刚开始做访谈节目，特别没有经验，问的问题都是东一榔头、西一棒子的，比如问：那时周总理请你吃北京烤鸭，你吃了几只啊？你一生处理了很多的外交事件，你最骄傲的是什么？

后来在中美建交 30 周年时，我再次采访了基辛格博士。那时我就知道再也不能问北京烤鸭这类问题了。虽然只有半小时，我们的团队把所有有关的资料都搜集了，从他在哈佛当教授时写的论文、演讲，到他的传记，有那么厚厚的一摞，还有七本书。都看完了，我也晕了，记不清看的是什么。虽然采访只有 27 分钟，但非常有效。

真是准备了一桶水，最后只用了一滴。但是你这些知识的储备，都能使你在现场把握住问题的走向。

记得我问他的最后一个问题是：这是一个全球化的时代，有很多共赢和合作的机会，但也出现了宗教的、种族的、文化的强烈冲突，你认为我们这个世界到底往哪儿去？和平在多长时间内是有可能的？

他就直起身说，你问了一个非常好的问题。随即阐述了一个他对和平的理解：和平不是一个绝对的和平，而是不同的势力在冲突和较量中所达到的一个短暂的平衡状态。他把外交理念与当今世界的包括中东的局势结合，作了一番分析和解说。

这个采访做完，很多外交方面的专家认为很有深度。虽然我看了那么多资料，可能用上的也就一两个问题，但事先准备绝对是有用的。所以我一直认为要做功课。我不是一个特别聪明的人，但还算是一个勤奋的人，通过做功课来弥补自己的不足。

作为记者和访谈节目的主持人，我也许还有一个比较优势，就是容易和别人交流。

1996 年，我在美国与东方卫视合作一个节目叫《杨澜视线》，介绍百老汇的歌舞剧和美国的一些社会问题。其中有一集就是关于肥胖的问题，一位体重在 300 公斤以上的女士接受了我的采访。大家可以想象，一般的椅子她坐不下，宽度不够，我就找来另外的椅子，请她坐下，与她交谈。最后她说：我一直不知道中国的记者采访会是什么样？但我很愿意接受你的采访。我就为她为什么？她说别的记者来采访，都是带着事先准备的题目，在我这挖几句话，去填进他们的文章里；而你是真正对我有兴趣的。这句话给我的印象很深。所以在镜头面前也好，在与人交流时也好，你对对方是否有兴趣，对方是完全可以察觉的。

我做电视已经 17 年了，中间也经历了许多挫折。比较大的，就是 2000 年在香港创办阳光卫视，虽然当时是抱着一个人文理想在做，至今我也没有后悔，但由于商业模式和现有市场规则不是很符合，经历了许多事业上的挫折。这让我很苦恼，因为我觉得自己已经这么努力了，甚至怀孕的时候，还在进行商业谈判。从小到大，我所接受的教育就是：只要你足够努力，你就会成功。但后来不是这样的。如果一开始，你的策略、你的定位有偏差的话，你无论怎样努力也是不能成功的。

后来我去上海的中欧商学院进修 CEO 课程，一位老师讲到一个商人和一个士兵的区别：士兵是接到一个命令，哪怕打到最后一发子弹，牺牲了，也要坚守阵地；而商人好像是在一个大厅，随时要注意哪个门能开，我就从哪儿出去。一直在寻找流动的机会，并不断进出，来获取最大的商业利益。所以听完，我就心中有数了——我自己不是做商人的料。虽然可以很勤奋地去做，但从骨子里这不是我的比较优势。

在我职业生涯的前 15 年，我都是一直在做加法。做了主持人，我就要求导演：是不是我可以自己来写台词？写了台词，就问导演：可不可以我自己做一次编辑？做完编辑，就问主任：可不可以让我做一次制片人？做了制片人就想：我能不能同时负责几个节目？负责了几个节目后就想能不能办个频道？人生中一直在做加法，加到阳光卫视，我知道了，人生中，你的比较优势可能只有一项或两项。

在做完一系列的加法后，我想该开始做减法了。因为我觉得我需要有一个平衡的生活，我不能这样疯狂地工作下去，所以就开始做减法。那么今天我想把自己定位于：一个懂得市场规律的文化人，一个懂得和世界交流的文化人。在做好主持人工作的同时，希望能够从事更多的社会公益方面的活动。所以可能在失败中更能认识自己的比较优势。当然，我也希望大家付出的代价不要太大就能了解自己的比较优势和缺陷所在。

这一辈子你可以不成功，但是不能不成长。

我想说的是每个人都在成长，这种成长是一个不断发展的动态过程。

也许你在某种场合和时期达到了一种平衡，而平衡是短暂的，可能瞬间即逝，不断被打破。成长是无止境的，生活中很多是难以把握的，甚至爱情，你可能会变，那个人也可能会变；但是成长是可以把握的，这是对自己的承诺。

我们虽然再努力也成为不了刘翔，但我们仍然能享受奔跑。

可能有人会阻碍你的成功，却没人能阻止你的成长。

换句话说，这一辈子你可以不成功，但是不能不成长！

课后练习

一、文章开始例举采访基辛格，通过前后两次完全不同的效果的采访，作者得出了什么成功心得？

二、朗读课文思考文章中提到的"比较优势"如何理解，"比较优势"对于个人的成功有什么影响？

三、课文中杨澜回忆她在进修 CEO 时，教授所讲的士兵与商人的区别的例子，在文章中起到什么作用？让作者领悟到了什么道理？

四、课文中提到事业在"加法做到一定程度，就要做减法"，如何理解"做减法"？

五、如何理解"成长"？

十、谈水浒的人物和结构

茅 盾

阅读提示

本文将水浒一百单八将选了三人加以分析，以小见大，由浅至深，由人物至结构，谈了自己对水浒的见解。读来令人豁然开朗，对水浒的人物描写和结构层次有了比较明晰的认识。

课文的语言独具特色，有很强的概括力，因此能对作品复述扼要、生动，议论精当、准确，寥寥数语，便把事情说得一清二楚，便使议论具有无可反驳的雄辩力量；遣词、用语，十分准确，阅读时注意体会。

"水浒"的人物描写，向来就受到最高的评价。所谓一百单八人个个面目不同，固然不免言之过甚，但全书重要人物中至少有一打以上各有各的面目，却是事实。记得有一本笔记，杜撰[1]了一则施耐庵如何写"水浒"的故事，大意是这样的：施耐庵先请高手画师把宋江等以下三十六人画了图像，挂在一间房内，朝夕揣摩[2]，久而久之，此三十六人的声音笑貌在施耐庵的想像中都成熟了，然后下笔，故能栩栩如生。这一则杜撰的施耐庵的创作方法，有它的显然附会[3]的地方，如说图像是宋江等三十六人，就是从"宣和遗事"的记述联想起来的，但是它所强调的朝夕揣摩，却有部分的真理，虽然它这说法基本上是不科学的。因为，如果写定"水浒"的，果真是施耐庵其人，那么，他在下笔之前，相对朝夕揣摩的，便该是民间流传已久的歌颂梁山泊好汉的口头文学，而不是施耐庵自己请什么高手画师所作的三十六人的图像。

个个面目不同，这是一句笼统的评语；仅仅这一句话，还不足以说明"水浒"的人物描写的特点。试举林冲、杨志、鲁达这三个人物为例。这三个人在落草以前，都是军官，都有一身好武艺，这是他们相同之处；他们三个本来都是做梦也不会想到有朝一日要落草的，然而终于落草了，可是各人落草的原因又颇不相同。为了高衙内想把林冲的老婆弄到手，于是林冲吃了冤枉官司，刺配沧州，而对这样的压迫陷害，林冲只是逆来顺受[4]，所以在野猪林内，鲁达要杀那两个该死的解差，反被林冲劝止；到了沧州以后，林冲是安心做囚犯的了，直到高衙内又派人来害他性命，这他才杀人报仇，走上了落草的路。杨志呢，第一次为了失陷花石纲而丢官，复职不成，落魄[5]卖刀，无意中杀了个泼皮，因此充军，不料因祸得福，又在梁中书门下做了军官，终于又因失陷了生辰纲，只得亡命江湖，落草了事。只有鲁达，他的遭遇却是"主动"的。最初为了仗义救人，军官做不成了，做了和尚，后来又为了仗义救人，连和尚也做不成了，只好落草。"水浒"从这三个人的不同的遭遇中刻划了三个人的性格。不但如此，"水浒"又从这三个人的不同的思想意识上表示出三个人之不同遭遇的必然性。杨志一心想做官，"博个封妻荫子[6]"，结果是赔尽小心，依然落得一场空。林冲安分守己，逆来顺受，结果被逼得无处容身。只有鲁达，一无顾虑，敢作敢为，也就不曾吃过亏。对于杨志，我们虽可怜其遭遇，却鄙薄[7]其为人；对于林冲，我们既寄以满腔的同情，却又深惜其认识不够；对于鲁达，我们却除了赞叹，别无可言。"水浒"就是这样通过绚烂的形象使我们对于这三个人发生了不同的感情。不但如此，"水浒"又从这三个人的思想意识上说明了这三个人出身于不同的阶层。杨志是"三代将门之后，五侯杨令公之孙"，所以一心不忘做官，"封妻荫子"，只要有官做，梁中书也是他的好上司。林冲出自枪棒教师的家庭，是属于小资产阶级的技术人员，他有正义感，但苟安[8]于现状，非被逼到走投无路，下不来决心。至于鲁达，无亲无故，一条光棍，也没有产业，光景是贫农或手艺匠出身而由行伍[9]提升的军官。"水浒"并没叙述这三人的出身（只在杨志口中自己表白是将门之后），但是在描写这三个人的性格时，处处都扣紧了他们的阶级成分。

因此，我们可以说，善于从阶级意识去描写人物的立身行事，是"水浒"的人物描写的最大一个特点。

其次，"水浒"人物描写的又一特点便是关于人物的一切都由人物本身的行动去说明，作者绝不下一按语。仍以林冲等三人为例，这三个人物出场的当儿，都是在别人事件的中间骤然出现的；鲁达的出场在史进寻找王教头的事件中，林冲的出场在鲁达演习武艺的时候，而杨志的出场则在林冲觅取投名状[10]的当儿。这三个人物出场之时，除了简短的容貌描写而外，别无一言介绍他们的身世，自然更无一言叙述他们的品性了；所有他们的身世和品性都是在他们后来的行动中逐渐点明，直到他们的主要故事完了的时候，这才使我们全部认清了他们的身世和性格。这就好比一人远远而来，最初我们只看到他穿的是长衣或短褂，然后又看清了他是肥是瘦，然后又看清了他是方脸或圆脸，最后，这才看清了他的眉目乃至声音笑貌：这时候，我们算把他全部看清了。"水浒"写人物，用的就是这样的由远渐近的方法，故能引人入胜，非常生动。

"水浒"的人物描写就说到这里为止罢。下面再略谈"水浒"的结构。

从全书看来，"水浒"的结构不是有机的结构，我们可以把若干主要人物的故事分别编为各自独立的短篇或中篇而无割裂之感。但是，从一个人物的故事看来，"水浒"的结构是严密的，甚至也是有机的。在这一点上，足可证明"水浒"当其尚为口头文学的时候是同一母题而各自独立的许多故事。

这些各自独立、自成整体的故事，在结构上有一些共同的特点。大概而言，第一，故事的发展，前后勾联，一步紧一步，但又疏密相间，摇曳多姿[11]。第二，善于运用变化错综的手法，避免平铺直叙。试以林冲的故事为例。林冲故事，从岳庙烧香到水泊落草，一共有五回书，故事一开始就提出那个决定了林冲命运的问题，从此步步向顶点发展，但这根发展的线不是垂直的一味紧下去的，而是曲折的，一松一紧的；判决充军沧州，是整个故事中间的一个大段落，可不是顶点，顶点是上梁山，但林冲故事也就于此结束。在这五回书中，行文[12]方面，竭尽腾挪跌宕的能事[13]，使读者忽而愤怒，忽而破涕为笑，刚刚代林冲高兴过，又马上为他担忧。甚至故事中的小插曲（如林冲路遇柴进及与洪教头比武）也不是平铺直叙的。这一段文字，先写林冲到柴进庄上，柴进不在，林冲失望而去，却于路上又碰到了柴进（柴进出场这一段文字写得有声有色），后来与洪教头比武。林冲比武这小段的描写，首尾不过千余字，可是，写得多么错综而富于变化。说要比武了，却又不比，先吃酒，当真开始比武了，却又半真（洪教头方面）半假（林冲方面），于是柴进使银子叫解差开枷，又用大锭银作注，最后是真比，只百余字就结束了；但这百余字真是简洁遒劲，十分形象地写出了林冲武艺的高强。这一小段千余字，还把柴进和洪教头两人的面目也刻划出来了，笔墨之经济[14]，达到了极点。再看杨志的故事。杨志的故事一共只有三回书，一万五六千字，首尾三大段落：卖刀，得官，失陷生辰纲。在结构上，杨志的故事和林冲的故事是不同的。林冲故事先提出全篇主眼，然后一步紧一步向顶点发展，杨志故事却是把失意、得志、幻灭这三部曲概括了杨志的求官之梦，从结构上看，高潮在中段。在权贵高俅那里，杨志触了霉头，但在另一权贵梁中书那里，杨志却一开始就受到提拔，似乎可以一帆风顺了，但在权贵门下做奴才也并不容易。奴才中间有派别，经常互相倾轧[15]。梁中书用人不专，注定了杨志的幻灭[16]。同时也就注定了黄泥岗上杨志一定要失败。故事发展的逻辑是这样的，但小说结构发展的逻辑却从一连串的一正一反螺旋式到达顶点。杨志一行人还没出发，吴用他们已经布好了圈套，这在书中是明写的；与之对照的，便是杨志精明的对策。读者此时急要知道的，是吴用等对于此十万贯金珠究竟是"软取"呢还是"硬取"？如果"软取"，又怎样瞒过杨志那精明的眼光？这谜底，直到故事终了时揭晓[17]，结构上的纵横开合[18]，便是这样造成的。

以上是对于"水浒"的人物和结构的一点粗浅的意见。如果要从"水浒"学习，这些是值得学习的地方。自然，"水浒"也还有许多优点值得我们学习。例如人物的对白中常用当时民间的口头语，因而使得我们如闻其声；又如动作的描写，只用很少几个字，就做到了形象鲜明，活跃在纸上……这些都应该学习，但是从大处看，应当作为学习的主要对象的，还是它的人物描写和结构。在这上头，我的偏见，以为"水浒"比"红楼梦"强些。虽然在全书整个结构上看来，"红楼梦"比"水浒"更近于有机的结构，但以某一人物的故事作为独立短篇而言，如上所述，"水浒"结构也是有机的。

课文注释

1. 杜撰：没有根据的编造和虚构。

2. 揣摩：反复思考推求。

3. 附会：把没关系的事物说成有某种关系，把没有意义的东西说成有某种意义。

4. 逆来顺受：对恶劣的环境，或无理的待遇，采取忍受的态度。

5. 落魄（luò pò）：又读 luò tuò，义同"落泊"（luò bó）。

6. 封妻荫子：君主时代，功臣的妻子得到封号，子孙世袭官职。

7. 鄙薄：轻视、看不起。

8. 苟安：只顾眼前，暂且偷安。

9. 行伍（hāng wǔ）：旧指军队，泛指军中。

10. 投名状：旧时聚众造反或占山为寇的人入伙所用的见面礼。

11. 摇曳多姿：形容摆动的姿态变化多，优美动人。

12. 行文：组织文字，表达意思。

13. 能事：擅长的本领。

14. 经济：用较少的人力、物力、财力获得较大的成果。

15. 倾轧：轧：yà。在同一组织中排挤打击不同派系的人。

16. 幻灭：空想的希望破灭。

17. 揭晓：公布事情的结果。

18. 纵横开合：指在政治上、外交上运用手段，进行联合或分化。

课后练习

一、选择题

1. 施耐庵先请高手画师把宋江等三十六人画了像，挂在一间房内，朝夕_____。（　　）

A. 揣摩　　　　　　　B. 观察

2. 梁中书用人不当，_____了杨志的幻灭。（　　）

A. 决定　　　　　　　B. 注定

3. 《水浒》写人物，用的就是这样的由远渐近的方法，故能_____，非常生动。（　　）

A. 令人神往　　　　B. 引人入胜　　　　C. 不拘一格

4. 此三十六人的声音笑貌在施耐庵的想像中都成熟了，然后下笔，故能_____。（　　）

A. 跃然纸上　　　　B. 生动活泼　　　　C. 栩栩如生

5. 选择最恰当的一组词语填入下面句中的空白处（　　）。

对于杨志，我们虽_____其遭遇，却_____其为人：对于林冲，我们既寄以满腔_____，却又_____其认识不够；对于鲁达，我们却除了_____别无可言。

A. 同情　鄙薄　同情　叹惜　赞扬　　　B. 同情　蔑视　关注　深惜　赞扬

C. 可怜　蔑视　关注　叹惜　赞叹　　　D. 可怜　鄙薄　同情　深惜　赞叹

6. 《谈水浒的人物和结构》中，说明人物与结构特点时都被用作例证的人物是（　　）

A. 林冲、杨志　　　　　　　B. 林冲、鲁达

C. 杨志、鲁达　　　　　　　D. 柴进、洪教头

二、课文第一段的内容要点及其作用是什么？

三、概括《水浒》结构上的特点。

四、课文第四段评论了《水浒》人物描写的又一特点，其评论叙述和分析又是怎样结合的？

五、比较分析课文中林冲与杨志在情节安排上有何区别？

十一、简笔与繁笔

周先慎[1]

阅读提示

这是一篇文艺随笔。它辩证地分析了文艺创作中用笔的"繁""简"问题，并针对当时创作上的不良倾向，提出了自己的见解，这些见解至今给人以启发。

本文的中心论点：文章的繁简不可单以文字的多寡论，简笔与繁笔，各得其宜[2]，各尽其妙[3]。

阅读时，要在弄清各分论点的提出上把握文章的整体伏笔点以及它是引用了怎样的论据来逐层论证论点的；还需特别揣摩第一段中的关键语句，看看这些句子与后文有着怎样的内在联系。

从来的文章家都提倡简练，而列繁冗拖沓[4]为作文病忌。这诚然是不错的。然而，文章的繁简又不可单以文字的多寡论。言简意赅[5]，是凝练、厚重；言简意少，却不过是平淡、单薄。"繁"呢，有时也自有它的好处：描摹物态，求其穷形尽相[6]；刻画心理，能使细致入微[7]。有时，真是非繁不足以达其妙处。这可称为以繁胜简。看文学大师们的创作，有时用简：惜墨如金[8]，力求数字乃至一字传神。有时使繁：用墨如泼[9]，汩汩滔滔[10]，虽十、百、千字亦在所不惜。简笔与繁笔，各得其宜，各尽其妙。

一部《水浒传》，洋洋洒洒[11]近百万言，作者却并不因为是写长篇就滥用笔墨。有时用笔极为简省，譬如"武松打虎"那一段，作者写景阳冈上的山神庙，着"破落"二字，便点染出大虫出没、人迹罕到景象。待武松走上冈子时，又这样写道："回头看这日色时，渐渐地坠下去了。"真是令人毛骨悚然。难怪金圣叹读到这里，不由得写了这么一句："我当此时，便没由来也要大哭。"最出色的要数"林教头风雪山神庙"，写那纷纷扬扬[12]的漫天大雪，只一句："那雪正下得紧。"一个"紧"字，境界全出，鲁迅先生赞扬它富有"神韵"，当之无愧。

以上是说用简笔用得好。同一部《水浒传》有时却又不避其繁。看作者写鲁智深三拳打死"镇关西"。鼻上一拳，"打得鲜血迸流，鼻子歪在半边，却便似开了个油酱铺：咸的、酸的、辣的，一发都滚出来"。眼眶际眉梢又一拳，"打得眼棱缝裂，乌珠迸出，也似开了个彩帛铺：红的、黑的、绛的，都绽将出来"。第三拳，"太阳上正着，却似做了一个全堂水陆的道场：磬儿、钹儿、铙儿，一齐响"。从味觉写，从视觉写，从听觉写，作了一大串形容，若是单从字面上求简，这三拳只须说"打得鲜血迸流，乌珠进出，两耳轰鸣"，便足够了。然而简则简矣，却走了"神韵"，失掉了原文强烈地感染读者的鲁智深伸张正义、惩罚恶人时那痛快淋漓劲儿。

字面上的简不等于精练，艺术表现上的繁笔，也有别于通常所说的啰嗦。鲁迅是很讲究精练的，但他有时却有意采用繁笔，甚而至于借重"啰嗦"。《社戏》里写"我"早年看戏，感到索然寡味，却又焦躁不安地等待那名角小叫天出场，于是看小旦唱，看花旦唱，看老生唱，看不知什么角色唱，看一大班人乱打，看两三个人互打，从九点多到十点、从十点到十一点、从十一点到十一点半、从十一点半到十二点，然而小叫天竟还"没有来"。在通常情况下，如果有谁像这样来说话、作文，那真是啰嗦到了极点。然而在这特定的环境、条件、气氛之下，鲁迅用它来表现一种复杂微妙、难以言传的心理状态，却收到了强烈的艺术效果。

刘勰说得好："句有可削，足见其疏；字不得减，乃知其密。"无论繁简，要是拿"无可削""不得减"作标准，就都需要提炼。但是，这提炼的功夫，又并不全在下笔时的字斟句酌。像上列几个例子，我相信作者在写出的时候并没有大费什么苦思苦索的功夫。只要来自生活，发诸真情，做到繁简适当并不是一件太困难的事。顾炎武引刘器之的话说："文章岂有繁简耶？昔人之论，谓如风行水上，自然成文，若不出于自然，而有意于繁简，则失之矣。"

现今，创作上有一种长的趋向：短篇向中篇靠拢，中篇向长篇靠拢，长篇呢，一部、两部、三部……当然，也有长而优、非长不可的，但大多数不必那么长，确有"水分"可挤。作品写得过长，原因很多，首先是对生活的提炼亦即艺术概括的问题，但艺术手法和语言表达的欠洗练也是不容忽视的一条。简而淡，繁而冗，往往两病兼具。有的作品内容确实不错，因为写得拖沓累赘，读起来就像是背着一块石板在剧场里看戏，使人感到吃力、头疼。而读大师们的名著呢，却有如顺风行船，轻松畅快。

感此，提倡简练为文，重议文章繁简得失这个老题目，也许并不算得多余。

课文注释

1. 周先慎：男，1935 年 12 月生，四川成都崇州市人。长期从事宋元明清文学史的教学和研究工作。著有《古典小说鉴赏》、《明清小说》等。

2. 各得其宜：每一个人或事物都得到适宜的安顿。

3. 各尽其妙：每一个人或事物都发挥自己的长处。

4. 繁冗拖沓：拖沓，形容拖拖拉拉，不爽利。繁，复杂；冗，指多余无用的文字。

5. 言简意赅：言语简单而意思概括。赅，完备、全。

6. 穷形尽相：本文指文学作品描绘十分细腻，形容极其生动。穷，尽致。

7. 细致入微：精细周密。

8. 惜墨如金：原指作画时用墨先淡后浓，后指写字、作画、作文不轻易下笔，力求精练。

9. 用墨如泼：写文章在特定的环境、条件、气氛之下，需要用繁笔，详细描述。

10. 汩汩滔滔：本文形容用的笔墨多，像水一样连绵不断地流出。汩汩：水流的样子（或声音）。

11. 洋洋洒洒：形容文章篇幅很长。洋洋，盛大，众多；洒洒，连绵不断。

12. 纷纷扬扬：纷纷，众多，杂乱；扬扬，在空中飘动。

课后练习

一、重点词语。

1. 繁冗拖沓　　2. 言简意赅　　3. 穷形尽相

4. 惜墨如金　　5. 毛骨悚然　　6. 索然寡味

7. 焦躁不安　　8. 字斟句酌　　9. 拖沓累赘

10. 洋洋洒洒　　11. 凝练　　　 12. 描摹

13. 点染　　　 14. 汩汩滔滔　　15. 洗练

二、依次填入文中处的词语，最恰当的一项是（　　　）。

A. 增密　　　 B. 减疏　　　 C. 增疏　　　 D. 减密

2. "但是，这提炼的功夫，又并不全下笔时的字斟句酌"意在说明＿＿＿＿＿＿。

3. 刘勰是南朝著名的文学理论批评家，其代表作是《　　　　　》，作者引用刘勰的话，是为了阐明＿＿＿＿＿＿；引刘器之的话是为了阐明＿＿＿＿＿＿。

十二、敬业与乐业

梁启超

阅读提示

梁启超（1873—1929），字卓如，号任公，别号饮冰室主人。近代思想家，戊戌维新运动领袖之一。广东新会人。是一位著名学者。他兴趣广泛，学识渊博，在文学、史学、哲学、佛学等诸多领域，都有较深的造诣。

这是梁启超20世纪20年代对上海中华职业学校学生作的一次演讲。该校是中国近现代史上以实验、总结、推广职业教育而著称的一所专业学校，于1918年5月创建，以"敬业乐群"为校训。文章距今虽然已经70多年了，但是对我们仍然很有教育意义。学习本文，要认真汲取有益的思想营养，增强对自己所学专业的责任心和兴趣。

课文脉络清楚，结构完整，语意畅达。阅读时要认真体会。

　　我这题目，是把《礼记》里头"敬业乐群"和《老子》里头"安其居，乐其业"那两句话，断章取义¹造出来的。我所说的是否与《礼记》《老子》原意相合，不必深求；但我确信"敬业乐业"四个字，是人类生活的不二法门。本题主眼，自然是在"敬"字、"乐"字。但必先有业，才有可敬、可乐的主体，理至易明。所以在讲演正文以前，先要说说有业之必要。孔子说："饱食终日，无所用心，难矣哉！"又说："群居终日，言不及义，好行小慧，难矣哉！"孔子是一位教育大家，他心目中没有什么人不可教诲，独独对于这两种人便摇头叹气说道："难！难！"可见人生一切毛病都有药可医，惟有无业游民，虽大圣人碰着他，也没有办法。唐朝有一位名僧百丈禅师，他常常用一句格言教训弟子，说道："一日不做事，一日不吃饭。"他每日除上堂说法之外，还要自己扫地、擦桌子、洗衣服，直到八十岁，日日如此。有一回，他的门生想替他服务，把他本日应做的工悄悄地都做了，这位言行相顾的老禅师，老实不客气，那一天便绝对地不肯吃饭。我征引²儒门、佛门这两段话，不外证明人人都要有正当职业，人人都要不断地劳作。倘若有人问我："百行什么为先？万恶什么为首？"我便一点不迟疑答道："百行业为先，万恶懒为首。"没有职业的懒人，简直是社会上的蛀米虫，简直是"掠夺别人勤劳结果"的盗贼。我们对于这种人，是要彻底讨伐，万不能容赦³的。今日所讲，专为现在有职业及现在正做职业上预备的人——学生——说法，告诉他们对于自己现有的职业应采何种态度。第一要敬业。敬字为古圣贤教人做人最简易、直捷的法门，可惜被后来有些人说得太精微，倒变了不适实用了。惟有朱子⁴解得最好，他说："主一无适便是敬。"用现在的话讲，凡做一件事，便忠于一件事，将全副精力集中到这事上头，一点不旁骛⁵，便是敬。业有什么可敬呢？为什么该敬呢？人类一面为生活而劳动，一面也是为劳动而生活。人类既不是上帝特地制来充当消化面包的机器，自然该各人因自己的地位和才力，认定一件事去做。凡可以名为一件事的，其性质都是可敬。当大总统是一件事，拉黄包车也是一件事。事的名称，从俗人眼里看来，有高下；事的性质，从学理上解剖起来，并没有高下。只要当大总统的人，信得过我可以当大总统才去当，实实在在把总统当作一件正经事来做；拉黄包车的人，信得过我可以拉黄包车才去拉，实实在在把拉车当作一件正经事来做，便是人生合理的生活。这叫做职业的神圣。凡职业没有不是神圣的，所以凡职业没有不是可敬的。惟其如此，所以我们对于各种职业，没有什么分别拣择。总之，人生在世，是要天天劳作的。劳作便是功德，不劳作便是罪恶。至于我该做哪一种劳作呢？全看我的才能何如、境地何如。因自己的才能、境地，做一种劳作做到圆满，便是天地间第一等人。怎样才能把一种劳作做到圆满呢？惟一的秘诀就是忠实，忠实从心理上发出来的便是敬。《庄子》记佝偻丈人承蜩的故事，说道："虽天地之大，万物之多，而惟吾蜩翼之知。"凡做一件事，便把这件事看作我的生命，无论别的什么好处，到底不肯牺牲我现做的事来和他交换。我信得过我当木匠的做成一张好桌子，和你们当政治家的建设成一个共和国家同一价值；我信得过我当挑粪的把马桶收拾得干净，和你们当军人的打胜一支压境的敌军同一价值。大家同是替社会做事，你不必羡慕我，我不必羡慕你。怕的是我这件事做得不妥当，便对不起这一天里头所吃的饭。所以我做这事的时候，丝毫不肯分心到事外。曾文正说："坐这山，望那山，一事无成。"一个人对于自己的职业不敬，从学理方面说，便亵渎[6] 职业之神圣；从事实方面说，一定把事情做糟了，结果自己害自己。所以敬业主义，于人生最为必要，又于人生最为有利。庄子说："用志不分，乃凝于神。[7]"孔子说："素其位而行，不愿乎其外。"所说的敬业，不外这些道理。第二要乐业。"做工好苦呀！"这种叹气的声音，无论何人都会常在口边流露出来。但我要问他："做工苦，难道不做工就不苦吗？"今日大热天气，我在这里喊破喉咙来讲，诸君扯直耳朵来听，有些人看着我们好苦；翻过来，倘若我们去赌钱去吃酒，还不是一样在淘神费力？难道又不苦？须知苦乐全在主观的心，不在客观的事。人生从出胎的那一秒钟起到绝气的那一秒钟止，除了睡觉以外，总不能把四肢、五官都搁起不用。只要一用，不是淘神，便是费力，劳苦总是免不掉的。会打算盘的人，只有从劳苦中找出快乐来。我想天下第一等苦人，莫过于无业游民，终日闲游浪荡，不知把自己的身子和心子摆在哪里才好，他们的日子真难过。第二等苦人，便是厌恶自己本业的人，这件事分明不能不做，却满肚子里不愿意做。不愿意做逃得了吗？到底不能。结果还是皱着眉头，哭丧着脸去做。这不是专门自己替自己开玩笑吗？我老实告诉你一句话："凡职业都是有趣味的，只要你肯继续做下去，趣味自然会发生。"为什么呢？第一，因为凡一件职业，总有许多层累[8]、曲折，倘能身入其中，看它变化、进展的状态，最为亲切有味。第二，因为每一职业之成就，离不了奋斗；一步一步奋斗前去，从刻苦中将快乐的分量加增。第三，职业性质，常常要和同业的人比较骈进[9]，好像赛球一般，因竞胜而得快乐。第四，专心做一职业时，把许多胡思、妄想杜绝了，省却无限闲烦恼。孔子说："知之者不如好之者，好之者不如乐之者。"人生能从自己职业中领略出趣味，生活才有价值。孔子自述生平，说道："其为人也，发愤忘食，乐以忘忧，不知老之将至云尔。"这种生活，真算得人类理想的生活了。我生平最受用的有两句话：一是"责任心"，二是"趣味"。我自己常常力求这两句话之实现与调和，又常常把这两句话向我的朋友强聒不舍。今天所讲，敬业即是责任心，乐业即是趣味。我深信人类合理的生活应该如此，我望诸君和我一同受用！

课文注释

1. 断章取义：意思是不顾上下文，孤立截取其中的一段或一句，与原意不符。断，截断；章，篇章。

2. 征引：征用，印证。

3. 容赦：加以宽容，免除惩罚。

4. 朱子：朱熹（1130—1200），南宋时代哲学家，儒家理学的代表人物。

5. 一点不旁骛：指专心。旁骛，在正业以外所有追求，不专心。

6. 亵渎：轻慢，藐视。

7. 用志不分，乃凝于神：见《庄子·达生》，大意是做事不分心，精神就能集中。

8. 层累（lěi）：层次。

9. 骈（pián）进：一同前进。

课后练习

一、反复阅读课文，想一想，作者先后谈论了哪几个问题；文中说"我深信人类合理的生活总该如此"，用自己的话说说"人类合理的生活"应该是怎样的？

二、课文说："事的性质，从学理上解剖起来，并没有高下"。又说："我信得过我当木匠的做成一张好桌子，和你们当政治家的建设成一个共和国同一价值。"然而，有人却引用拿破仑的话说："不想当元帅的士兵不是好士兵。"讨论一下，对这个问题究竟应该怎么看？

第四单元　小　说

十三、林黛玉进贾府[1]

曹雪芹[2]

阅读提示

《红楼梦》，又名《石头记》，是一部伟大的现实主义文学巨著，它以丰富的生活内容、深刻的思想意义和高度的艺术成就达到了中国古典文学发展史上的高峰。全书以贾宝玉和林黛玉的爱情故事为中心，揭露了封建统治阶级的罪恶和腐朽本质，揭示了封建社会必然崩溃的历史发展趋势。贾宝玉和林黛玉是小说的男女主人公，课文节选部分是写黛玉初到贾府的情况，并以她进贾府第一天的行踪为线索，介绍了贾府的主要人物和环境。就整部小说而言，这是对贾府第一次展开正面描写，也是贾府主要人物第一次公开亮相，而男女主人公爱情这条主线也是从这里现出端倪。有人认为这一部分是阅读《红楼梦》的纲目，这种说法不无道理。

虽然是第一次亮相，但主要人物的音容笑貌、思想性格已得到鲜明的表现：黛玉的细心多虑与自尊，宝玉的活泼可爱和蔑视功名利禄，凤姐的光彩照人与泼辣虚伪，以及贾母的秉性与偏爱，都给人留下了深刻的印象。

且说黛玉自那日弃舟登岸时，便有荣国府打发了轿子并拉行李的车辆久候了。这林黛玉常听得母亲说过，他外祖母家与别家不同。他近日所见的这几个三等仆妇，吃穿用度，已是不凡了，何况今至其家。因此步步留心，时时在意，不肯轻易多说一句话，多行一步路，惟恐被人耻笑了他去。自上了轿，进入城中，从纱窗向外瞧了一瞧，其街市之繁华，人烟之阜盛，自与别处不同。又行了半日，忽见街北蹲着两个大石狮子，三间兽头大门，门前列坐着十来个华冠丽服之人。正门却不开，只有东西两角门有人出入。正门之上有一匾，匾上大书"敕造[3]宁国府"五个大字。黛玉想道：这必是外祖之长房了。想着，又往西行，不多远，照样也是三间大门，方是荣国府了。却不

进正门，只进了西边角门。那轿夫抬进去，走了一射之地[4]，将转弯时，便歇下退出去
了。后面的婆子们已都下了轿，赶上前来。另换了三四个衣帽周全十七八岁的小厮[5]上
来，复抬起轿子。众婆子步下围随至一垂花门[6]前落下。众小厮退出，众婆子上来打起
轿帘，扶黛玉下轿。林黛玉扶着婆子的手，进了垂花门，两边是抄手游廊[7]，当中是穿
堂[8]，当地放着一个紫檀架子大理石的大插屏[9]。转过插屏，小小的三间厅，厅后就是后
面的正房大院。正面五间上房，皆雕梁画栋，两边穿山游廊[10]厢房，挂着各色鹦鹉、画
眉等鸟雀。台矶之上，坐着几个穿红着绿的丫头，一见他们来了，便忙都笑迎上来，
说："刚才老太太还念呢，可巧就来了。"于是三四人争着打起帘笼，一面听得人回话：
"林姑娘到了。"

黛玉方进入房时，只见两个人搀着一位鬓发如银的老母迎上来，黛玉便知是他外
祖母。方欲拜见时，早被他外祖母一把搂入怀中，心肝儿肉叫着大哭起来。当下地下
侍立之人，无不掩面涕泣，黛玉也哭个不住。一时众人慢慢解劝住了，黛玉方拜见了
外祖母。——此即冷子兴所云之史氏太君，贾赦贾政之母也。当下贾母一一指与黛玉：
"这是你大舅母；这是你二舅母；这是你先珠大哥的媳妇珠大嫂子。"黛玉一一拜见过。
贾母又说："请姑娘们来。今日远客才来，可以不必上学去了。"众人答应了一声，便
去了两个。

不一时，只见三个奶嬷嬷并五六个丫鬟，簇拥着三个姊妹来了。第一个肌肤微丰，
合中身材，腮凝新荔，鼻腻鹅脂，温柔沉默，观之可亲。第二个削肩细腰，长挑身材，
鸭蛋脸面，俊眼修眉，顾盼神飞，文彩精华，见之忘俗。第三个身量未足，形容尚小。
其钗环裙袄，三人皆是一样的妆饰。黛玉忙起身迎上来见礼，互相厮认[11]过，大家归了
坐。丫鬟们斟上茶来。不过说些黛玉之母如何得病，如何请医服药，如何送死发丧。
不免贾母又伤感起来，因说："我这些儿女，所疼者独有你母，今日一旦先舍我而去，
连面也不能一见，今见了你，我怎不伤心！"说着，搂了黛玉在怀，又呜咽起来。众人
忙都宽慰解释，方略略止住。

众人见黛玉年貌虽小，其举止言谈不俗，身体面庞虽怯弱不胜，却有一段自然的
风流[12]态度[13]，便知他有不足之症[14]。因问："常服何药，如何不急为疗治？"黛玉道：
"我自来是如此，从会吃饮食时便吃药，到今日未断，请了多少名医修方配药，皆不见
效。那一年我三岁时，听得说来了一个癞头和尚，说要化我去出家，我父母固是不从。
他又说：'既舍不得他，只怕他的病一生也不能好的了。若要好时，除非从此以后总不
许见哭声；除了父母之外，凡有外姓亲友之人，一概不见，方可平安了此一世。'疯疯
癫癫，说了这些不经[15]之谈，也没人理他。如今还是吃人参养荣丸。"贾母道："正好，
我这里正配丸药呢。叫他们多配一料就是了。"

一语未了，只听后院中有人笑声，说："我来迟了，不曾迎接远客！"黛玉纳罕[16]
道："这些人个个皆敛声屏气[17]，恭肃严整如此，这来者系谁，这样放诞[18]无礼？"心下

想时，只见一群媳妇丫鬟围拥着一个人从后房门进来。这个人打扮与众姑娘不同，彩绣辉煌，恍若神妃仙子：头上戴着金丝八宝攒珠髻[19]，绾着朝阳五凤挂珠钗[20]；项上带着赤金盘螭璎珞圈[21]；裙边系着豆绿宫绦，双衡比目玫瑰佩[22]；身上穿着缕金百蝶穿花大红洋缎窄褃袄[23]，外罩五彩刻丝石青银鼠褂[24]；下着翡翠撒花洋绉裙[25]。一双丹凤三角眼[26]，两弯柳叶吊梢眉[27]，身量苗条，体格风骚[28]，粉面含春威不露，丹唇未启笑先闻。黛玉连忙起身接见。贾母笑道："你不认得他。他是我们这里有名的一个泼皮破落户儿[29]，南省俗谓作'辣子'，你只叫他'凤辣子'就是了。"黛玉正不知以何称呼，只见众姊妹都忙告诉他道："这是琏嫂子。"黛玉虽不识，也曾听见母亲说过，大舅贾赦之子贾琏，娶的就是二舅母王氏之内侄女，自幼假充男儿教养的，学名王熙凤。黛玉忙陪笑见礼，以"嫂"呼之。这熙凤携着黛玉的手，上下细细打谅[30]了一回，仍送至贾母身边坐下，因笑道："天下真有这样标致的人物，我今儿才算见了！况且这通身的气派，竟不像老祖宗的外孙女儿，竟是个嫡亲的孙女，怨不得老祖宗天天口头心头一时不忘。只可怜我这妹妹这样命苦，怎么姑妈偏就去世了！"说着，便用帕拭泪。贾母笑道："我才好了，你倒来招我。你妹妹远路才来，身子又弱，也才劝住了，快再休提前话。"这熙凤听了，忙转悲为喜道："正是呢！我一见了妹妹，一心都在他身上了，又是喜欢，又是伤心，竟忘记了老祖宗。该打，该打！"又忙携黛玉之手，问："妹妹几岁了？可也上过学？现吃什么药？在这里不要想家，想要什么吃的、什么玩的，只管告诉我；丫头老婆们不好了，也只管告诉我。"一面又问婆子们："林姑娘的行李东西可搬进来了？带了几个人来？你们赶早打扫两间下房，让他们去歇歇。"

说话时，已摆了茶果上来。熙凤亲为捧茶捧果。又见二舅母问他："月钱[31]放过了不曾？"熙凤道："月钱已放完了。才刚带着人到后楼上找缎子，找了这半日，也并没有见昨日太太说的那样的，想是太太记错了？"王夫人道："有没有，什么要紧。"因又说道："该随手拿出两个来给你这妹妹去裁衣裳的，等晚上想着叫人再去拿罢，可别忘了。"熙凤道："这倒是我先料着了，知道妹妹不过这两日到的，我已预备下了，等太太回去过了目好送来。"王夫人一笑，点头不语。

当下茶果已撤，贾母命两个老嬷嬷带了黛玉去见两个母舅。时贾赦之妻邢氏忙亦起身，笑回道："我带了外甥女过去，倒也便宜[32]。"贾母笑道："正是呢，你也去罢，不必过来了。"邢夫人答应了一声"是"字，遂带了黛玉与王夫人作辞，大家送至穿堂前。出了垂花门，早有众小厮们拉过一辆翠幄青绸车[33]，邢夫人携了黛玉，坐在上面，众婆子们放下车帘，方命小厮们抬起，拉至宽处，方驾上驯骡，亦出了西角门，往东过荣府正门，便入一黑油大门中，至仪门[34]前方下来。众小厮退出，方打起车帘，邢夫人搀着黛玉的手，进入院中。黛玉度其房屋院宇，必是荣府中花园隔断过来的。进入三层仪门，果见正房厢庑[35]游廊，悉皆小巧别致，不似方才那边轩峻壮丽；且院中随处之树木山石皆在。一时进入正室，早有许多盛妆丽服之姬妾丫鬟迎着，邢夫人让黛玉坐了，一面命人到外面书房去请贾赦。一时人来回话说："老爷说了：'连日身上不好，见了姑娘彼此倒伤心，暂且不忍相见。劝姑娘不要伤心想家，跟着老太太和舅母，即同家里一样。姊妹们虽拙，大家一处伴着，亦可以解些烦闷。或有委屈之处，只管说得，不要外道才是。'"黛玉忙站起来，一一听了。再坐一刻，便告辞。邢夫人苦留吃过晚饭去，黛玉笑回道："舅母爱惜赐饭，原不应辞，只是还要过去拜见二舅舅，恐领了赐去不恭，异日再领，未为不可。望舅母容谅。"邢夫人听说，笑道："这倒是了。"遂令两三个嬷嬷用方才的车好生送了姑娘过去。于是黛玉告辞。邢夫人送至仪门前，又嘱咐了众人几句，眼看着车去了方回来。

一时黛玉进了荣府，下了车。众嬷嬷引着，便往东转弯，穿过一个东西的穿堂，向南大厅之后，仪门内大院落，上面五间大正房，两边厢房鹿顶耳房钻山[36]，四通八达，轩昂壮丽，比贾母处不同。黛玉便知这方是正经正内室，一条大甬路，直接出大门的。进入堂屋中，抬头迎面先看见一个赤金九龙青地大匾，匾上写着斗大的三个大字，是"荣禧堂"，后有一行小字："某年月日，书赐荣国公贾源"，又有"万几宸翰之宝"[37]。大紫檀雕螭案上，设着三尺来高青绿古铜鼎，悬着待漏随朝墨龙大画[38]，一边是金蟳彝[39]，一边是玻璃盒[40]。地下两溜十六张楠木交椅，又有一副对联，乃乌木联牌，镶着錾银[41]的字迹，道是：

座上珠玑昭日月，堂前黼黻焕烟霞[42]。

下面一行小字，道是："同乡世教弟勋袭东安郡王穆莳拜手书。"

原来王夫人时常居坐宴息，亦不在这正室，只在这正室东边的三间耳房内。于是老嬷嬷引黛玉进东房门来。临窗大炕上铺着猩红洋罽[43]，正面设着大红金钱蟒靠背，石青金钱蟒引枕[44]，秋香色[45]金钱蟒大条褥。两边设一对梅花式洋漆小几。左边几上文王鼎匙箸香盒[46]；右边几上汝窑美人觚[47]——觚内插着时鲜花卉，并茗碗[48]痰盒等物。地下面西一溜四张椅上，都搭着银红撒花椅搭[49]，底下四副脚踏。椅之两边，也有一对高几，几上茗碗瓶花俱备。其余陈设，自不必细说。老嬷嬷们让黛玉炕上坐，炕沿上却有两个锦褥对设，黛玉度其位次，便不上炕，只向东边椅子上坐了。本房内的丫鬟忙捧上茶来。黛玉一面吃茶，一面打谅这些丫鬟们，妆饰衣裙，举止行动，果亦与别家不同。

茶未吃了，只见一个穿红绫袄青缎掐牙[50]背心的丫鬟走来笑说道："太太说，请林姑娘到那边坐罢。"老嬷嬷听了，于是又引黛玉出来，到了东廊三间小正房内。正房炕上横设一张炕桌，桌上磊着[51]书籍茶具，靠东壁面西设着半旧的青缎靠背引枕。王夫人却坐在西边下首，亦是半旧的青缎靠背坐褥。见黛玉来了，便往东让。黛玉心中料定这是贾政之位。因见挨炕一溜三张椅子上，也搭着半旧的弹墨椅袱[52]，黛玉便向椅上坐了。王夫人再四携他上炕，他方挨王夫人坐了。王夫人因说："你舅舅今日斋戒去了，再见罢。只是有一句话嘱咐你：你三个姊妹倒都极好，以后一处念书认字学针线，或是偶一顽笑，都有尽让的。但我不放心的最是一件：我有一个孽根祸胎，是家里的'混世魔王'，今日因庙里还愿去了，尚未回来，晚间你看见便知了。你只以后不要睬他，你这些姊妹都不敢沾惹他的。"

黛玉亦常听得母亲说过，二舅母生的有个表兄，乃衔玉而诞，顽劣异常，极恶读书，最喜在内帏⁵³厮混；外祖母又极溺爱，无人敢管。今见王夫人如此说，便知说的是这表兄了。因陪笑道："舅母说的，可是衔玉所生的这位哥哥？在家时亦曾听见母亲常说，这位哥哥比我大一岁，小名就唤宝玉，虽极憨顽⁵⁴，说在姊妹情中极好的。况我来了，自然只和姊妹同处，兄弟们自是别院另室的，岂得去沾惹之理？"王夫人笑道："你不知道原故：他与别人不同，自幼因老太太疼爱，原系同姊妹们一处娇养惯了的。若姊妹们有日不理他，他倒还安静些，纵然他没趣，不过出了二门，背地里拿着他两个小幺儿⁵⁵出气，咕唧一会子就完了。若这一日姊妹们和他多说一句话，他心里一乐，便生出多少事来。所以嘱咐你别睬他。他嘴里一时甜言蜜语，一时有天无日，一时又疯疯傻傻，只休信他。"

黛玉一一的都答应着。只见一个丫鬟来回："老太太那里传晚饭了。"王夫人忙携黛玉从后房门由后廊往西，出了角门，是一条南北宽夹道。南边是倒座⁵⁶三间小小的抱厦厅⁵⁷，北边立着一个粉油大影壁，后有一半大门，小小一所房室。王夫人笑指向黛玉道："这是你凤姐姐的屋子，回来你好往这里找他来，少什么东西，你只管和他说就是了。"这院门上也有四五个才总角⁵⁸的小厮，都垂手侍立。王夫人遂携黛玉穿过一个东西穿堂，便是贾母的后院了。于是，进入后房门，已有多人在此伺候，见王夫人来了，方安设桌椅。贾珠之妻李氏捧饭，熙凤安箸，王夫人进羹。贾母正面榻上独坐，两边四张空椅，熙凤忙拉了黛玉在左边第一张椅上坐了，黛玉十分推让。贾母笑道："你舅母你嫂子们不在这里吃饭。你是客，原应如此坐的。"黛玉方告了座，坐了。贾母命王夫人坐了。迎春姊妹三个告了座方上来。迎春便坐右手第一，探春左第二，惜春右第二。旁边丫鬟执着拂尘⁵⁹、漱盂、巾帕。李、凤二人立于案旁布让⁶⁰。外间伺候之媳妇丫鬟虽多，却连一声咳嗽不闻。寂然饭毕，各有丫鬟用小茶盘捧上茶来。当日林如海教女以惜福养身，云饭后务待饭粒咽尽，过一时再吃茶，方不伤脾胃。今黛玉见了这里许多事情不合家中之式，不得不随的，少不得一一改过来，因而接了茶。早见人又捧过漱盂来，黛玉也照样漱了口。盥手毕，又捧上茶来，这方是吃的茶。贾母便说："你们去罢，让我们自在说话儿。"王夫人听了，忙起身，又说了两句闲话，方引凤、李二人去了。贾母因问黛玉念何书。黛玉道："只刚念了《四书》。"黛玉又问姊妹们读何书。贾母道："读的是什么书，不过是认得两个字，不是睁眼的瞎子罢了！"

一语未了，只听外面一阵脚步响，丫鬟进来笑道："宝玉来了！"黛玉心中正疑惑着："这个宝玉，不知是怎生个惫懒⁶¹人物，懵懂⁶²顽童？——倒不见那蠢物也罢了。"心中想着，忽见丫鬟话未报完，已进来了一位年轻的公子：

头上戴着束发嵌宝紫金冠[63]，齐眉勒着二龙抢珠金抹额[64]；穿一件二色金百蝶穿花大红箭袖[65]，束着五彩丝攒花结长穗宫绦[66]，外罩石青起花八团倭缎排穗褂[67]；登着青缎粉底小朝靴[68]。面若中秋之月，色如春晓之花，鬓若刀裁，眉如墨画，面如桃瓣，目若秋波。虽怒时而若笑，即瞋视而有情。项上金螭璎珞，又有一根五色丝绦，系着一块美玉。

黛玉一见，便吃一大惊，心下想道："好生奇怪，倒像在那里见过一般，何等眼熟到如此！"只见这宝玉向贾母请了安[69]，贾母便命："去见你娘来。"宝玉即转身去了。一时回来，再看已换了冠带：头上周围一转的短发，都结成小辫，红丝结束，共攒至顶中胎发，总编一根大辫，黑亮如漆，从顶至梢，一串四颗大珠，用金八宝坠角[70]；身上穿着银红撒花半旧大袄，仍旧带着项圈、宝玉、寄名锁[71]、护身符[72]等物；下面半露松花撒花绫裤腿，锦边弹墨袜，厚底大红鞋。越显得面如敷粉，唇若施脂；转盼多情，语言常笑。天然一段风骚，全在眉梢；平生万种情思，悉堆眼角。看其外貌最是极好，却难知其底细。后人有《西江月》二词[73]，批宝玉极恰，其词曰：

无故寻愁觅恨，有时似傻如狂。纵然生得好皮囊[74]，腹内原来草莽[75]。潦倒[76]不通世务，愚顽怕读文章。行为偏僻[77]性乖张[78]，那管世人诽谤！

富贵不知乐业，贫穷难耐凄凉。可怜辜负好韶光[79]，于国于家无望。天下无能第一，古今不肖无双。寄言纨袴与膏粱：莫效此儿形状[80]！

贾母因笑道："外客未见，就脱了衣裳，还不去见你妹妹！"宝玉早已看见多了一个姊妹，便料定是林姑妈之女，忙来作揖。厮见毕归坐，细看形容，与众各别：

两弯似蹙非蹙罥烟眉[81]，一双似喜非喜含情目。态生两靥之愁，娇袭一身之病[82]。泪光点点，娇喘微微。闲静时如姣花照水，行动处似弱柳扶风。心较比干多一窍，病如西子胜三分[83]。

宝玉看罢，因笑道："这个妹妹我曾见过的。"贾母笑道："可又是胡说，你又何曾见过他？"宝玉笑道："虽然未曾见过他，然我看着面善，心里就算是旧相识，今日只作远别重逢，亦未为不可。"贾母笑道："更好，更好，若如此，更相和睦了。"宝玉便走近黛玉身边坐下，又细细打量一番，因问："妹妹可曾读书？"黛玉道："不曾读，只上了一年学，些须[84]认得几个字。"宝玉又道："妹妹尊名是那两个字？"黛玉便说了名。宝玉又问表字。黛玉道："无字。"宝玉笑道："我送妹妹一妙字，莫若'颦颦'二字极妙。"探春便问何出。宝玉道："《古今人物通考》[85]上说：'西方有石名黛，可代画眉之墨。'况这林妹妹眉尖若蹙，用取这两个字，岂不两妙！"探春笑道："只恐又是你的杜撰。"宝玉笑道："除《四书》外，杜撰的太多，偏只我是杜撰不成？"又问黛玉："可也有玉没有？"众人不解其语，黛玉便忖度着因他有玉，故问我有也无，因答道："我没有那个。想来那玉是一件罕物，岂能人人有的。"宝玉听了，登时发作起痴狂病来，摘下那玉，就狠命摔去，骂道："什么罕物，连人之高低不择，还说'通灵'不'通灵'呢！我也不要这劳什子[86]了！"吓的众人一拥争去拾玉。贾母急的搂了宝玉道："孽障！你生气，要打骂人容易，何苦摔那命根子！"宝玉满面泪痕泣道："家里姐姐妹妹都没有，单我有，我说没趣；如今来了这们一个神仙似的妹妹也没有，可知这不是个好东西。"贾母忙哄他道："你这妹妹原有这个来的，因你姑妈去世时，舍不得你妹妹，无法处，遂将他的玉带了去了：一则全殉葬之礼，尽你妹妹之孝心；二则你姑妈之灵，亦可权作见了女儿之意。因此他只说没有这个，不便自己夸张之意。你如今怎比得他？还不好生慎重带上，仔细你娘知道了。"说着，便向丫鬟手中接来，亲与他带上。宝玉听如此说，想一想大有情理，也就不生别论了。

当下，奶娘来请问黛玉之房舍。贾母说："今将宝玉挪出来，同我在套间[87]暖阁儿[88]里，把你林姑娘暂安置碧纱橱[89]里。等过了残冬，春天再与他们收拾房屋，另作一番安置罢。"宝玉道："好祖宗，我就在碧纱橱外的床上很妥当，何必又出来闹的老祖宗不得安静。"贾母想了一想说："也罢了。"每人一个奶娘并一个丫头照管，余者在外间上夜听唤。一面早有熙凤命人送了一顶藕合色花帐，并几件锦被缎褥之类。

黛玉只带了两个人来：一个是自幼奶娘王嬷嬷，一个是十岁的小丫头，亦是自幼随身的，名唤作雪雁。贾母见雪雁甚小，一团孩气，王嬷嬷又极老，料黛玉皆不遂心省力的，便将自己身边的一个二等丫头，名唤鹦哥者与了黛玉。外亦如迎春等例，每人除自幼乳母外，另有四个教引嬷嬷[90]，除贴身掌管钗钏盥沐两个丫鬟外，另有五六个洒扫房屋来往使役的小丫鬟。当下，王嬷嬷与鹦哥陪侍黛玉在碧纱橱内。宝玉之乳母李嬷嬷，并大丫鬟名唤袭人者，陪侍在外面大床上。

课文注释

1. 选自《红楼梦》第三回（人民文学出版社，1982年版）。题目是编者加的。《红楼梦》是我国古典小说的最高峰。

2. 曹雪芹：名霑，字梦阮，号雪芹、芹圃、芹溪。

3. 敕（chì）造：奉皇帝之命建造。敕，本来是自上命下的用语，南北朝以前，通用于长官对下属、长辈对晚辈，以后作为皇帝发布诏令的专称。

4. 一射之地：就是一箭之地，大约一百五十步。

5. 小厮：未成年的男仆人。厮，古代剥削阶级对服杂役的人轻蔑的称呼。

6. 垂花门：旧时富家宅院，进入大门之后，内院院门一般有雕刻的垂花倒悬于门额两侧，门上边盖有宫殿式的小屋顶，称"垂花门"。

7. 抄手游廊：院门内两侧环抱的走廊。

8. 穿堂：宅院中，坐落在前后两个院落之间可以穿行的厅堂。

9. 大插屏：放在穿堂中的大屏风，除作装饰外，还可以遮蔽视线，以免进入穿堂就直见正房。

10. 穿山游廊：从山墙开门接起的游廊。山，指山墙，房子两侧的墙，形状如山，俗称"山墙"。

11. 厮认：互相认识。厮，互相。

12. 风流：风韵。

13. 态度：言行举止所表现的神态。

14. 不足之症：中医病症的名称。由身体虚弱引起，如脾胃虚弱，叫中气不足；气血虚弱，叫正气不足。

15. 不经：不合常理，近乎荒诞。

16. 纳罕：感到诧异，惊奇。

17. 敛声屏气：恭敬严肃得不敢说话、屏住呼吸。

18. 放诞：放纵不守规范。

19. 金丝八宝攒珠髻：用金丝穿绕珍珠和镶嵌八宝（玛瑙、碧玉之类）制成的珠花的发髻。攒，凑聚。用金丝或银丝把珍珠穿扭成各种花样叫"攒珠花"。

20. 朝阳五凤挂珠钗：一种长钗，样子是一支钗上分出五股，每股一支凤凰，口衔一串珍珠。

21. 赤金盘螭（chī）璎珞圈：螭，古代传说中的无角龙。璎珞，连缀起来的珠玉。圈，项圈。

22. 双衡比目玫瑰佩：衡，佩玉上部的小横杠，用以系饰物。比目玫瑰佩，用玫瑰色的玉片雕琢成的双鱼形的玉佩。比目，鱼名，传说这种鱼成双而行。

23. 缕金百蝶穿花大红洋缎窄裉（kèn）袄：指在大红洋缎的衣面上用金线绣成百蝶穿花图案的紧身袄。裉，上衣前后两幅在腋下合缝的部分。

24. 五彩刻丝石青银鼠褂：石青色的衣面上有各种彩色刻丝、衣里是银鼠皮的褂子。刻丝，在丝织品上用丝平织成的图案，与凸出的绣花不同。石青，淡灰青色。银鼠，又名白鼠、石鼠。

25. 翡翠撒花洋绉裙：翡翠，翠绿色。撒花，在绸缎上用散碎小花点组成的花样或图案。洋绉，极薄而软的平纹春绸，微带自然皱纹。

26. 丹凤三角眼：眼角向上微翘，俗称"丹凤眼"。

27. 柳叶吊梢眉：形容眉梢斜飞入鬓的样子。

28. 风骚：这里指姿容俏丽。

29. 泼皮破落户儿：原指没有正当生活来源的无赖。这里形容凤姐泼辣，是戏谑的称谓。

30. 打谅：打量。

31. 月钱：封建社会的富户大家每月按等级发给家中人等供零用的钱。

32. 便（biàn）宜：这里是"方便"的意思。

33. 翠幄（wò）青绸车：用粗厚的绿色绸类作车帐、用青色绸作车帘的轿车。

34. 仪门：旧时官衙、府第的大门之内的门。一说，旁门也可称"仪门"。

35. 庑（wǔ）：正房对面和两侧的小屋子。

36. 两边厢房鹿顶耳房钻山：两边的厢房用钻山的方式与鹿顶的耳房相连接。鹿顶，一作"盝顶"，单独用时指平屋顶。耳房，连接在正房两侧的小房子。钻山，指山墙上开门或开洞，与相邻的房子或游廊相接。

37. 万几宸（chén）翰之宝：这是皇帝印章上的文字。万几，万机，就是万事，形容皇帝政务繁多，日理万机的意思。几，同"机"。宸翰，皇帝的笔迹。宸，北宸，即北极星。皇帝坐北朝南，所以以北宸代指皇帝。翰，墨迹、书法。宝，皇帝的印玺。

38. 待漏随朝墨龙大画：待漏，封建时代大臣要在五更前到朝房里等待上朝的时刻。漏，铜壶滴漏，古代计时器，代指时间。随朝，按照大臣的班列朝见皇帝。墨龙大画，巨龙在云雾海潮中隐现的大幅水墨画。旧时以龙象征帝王，画中之"潮"与朝见之"朝"谐音。隐寓上朝陛见君王的意思。

39. 金蜼（wěi）彝：原为有蜼形图案的青铜祭器，后作贵重陈设品。蜼，一种长尾猿。彝，古代青铜器中礼器的通称。

40. 盉（hǎi）：盛酒器。

41. 錾（zàn）银：一种银雕工艺。錾，雕刻。

42. 座上珠玑昭日月，堂前黼黻（fǔfú）焕烟霞：形容座中人和堂上客的衣饰华贵，佩戴的珠玉如日月般光彩照人，衣服的图饰如烟霞般绚丽夺目。珠玑，珍珠。黼黻，古代官僚贵族礼服上绣的花纹。

43. 罽（jì）：毛织的毯子。

44. 引枕：坐时搭扶胳膊的一种圆墩形的倚枕。

45. 秋香色：淡黄绿色。

46. 文王鼎匙箸（zhù）香盒：文王鼎，指周朝的传国国鼎，这里说的是小型仿古香炉，内烧粉状檀香之类的香料。匙箸，拨弄香灰的用具。香盒，盛香料的盒子。

47. 汝窑美人觚（gū）：宋朝河南汝州窑烧制的一种仿古瓷器。觚，古代盛酒器，长身细腰，形如美人。

48. 茗（míng）碗：茶碗。茗，泛指各种茶。

49. 椅搭：搭在椅上的一种长方形的绣花绸缎饰物。

50. 掐牙：锦缎双叠成细条，嵌在衣服或背心的夹边上，仅露少许，作为装饰，叫"掐牙"。

51. 磊着：层叠地放着。

52. 弹墨椅袱：以纸剪镂空图案覆于织品上，用墨色或其他颜色弹或喷成各种图案花样，叫"弹墨"。椅袱，用棉、缎之类做成的椅套。

53. 内帏：内室，女子的居处。帏，幕帐。

54. 憨（hān）顽：天真顽皮。憨，朴实天真。

55. 小幺（yāo）儿：身边使唤的小仆人。幺，幼小。

56. 倒座：正房是坐北朝南，"倒座"是与正房相对的坐南朝北的房子。

57. 抱厦厅：回绕堂屋后面的侧室。

58. 总角：儿童向上分开的两个发髻，代指儿童时代。

59. 拂尘：形如马尾，后有持柄，用以拂拭尘土，或驱赶蝇蚊，俗称"蝇甩子"。古时多用麈（zhǔ）兽之尾制成，所以又称麈尾。

60. 布让：宴席间向客人敬菜、劝餐。

61. 惫懒：涎皮赖脸的意思。

62. 懵（měng）懂：糊涂，不明事理。

63. 嵌宝紫金冠：把头发束扎在顶部的一种髻冠，上面插戴各种饰物或镶嵌珠玉。

64. 二龙抢珠金抹额：二龙抢珠，抹额上装饰的图案。抹额，围扎在额前，用以压发、束额。

65. 二色金百蝶穿花大红箭袖：用两色金线绣成的百蝶穿花图案的大红窄袖衣服。箭袖，原为便于射箭穿的窄袖衣服，这里指男子穿的一种服式。

66. 五彩丝攒花结长穗宫绦（tāo）：五彩丝攒花结，用五彩丝攒聚成花朵的结子，指绦带上的装饰花样。长穗宫绦，指系在腰间的绦带。长穗，是绦带端部下垂的穗子。

67. 石青起花八团倭（wō）缎排穗褂：团，圆形团花。倭缎，又称"东洋缎"。排穗，排缀在衣服下面边缘的彩穗。

68. 青缎粉底小朝靴：指黑色缎面、白色厚底、半高筒的靴子。青锻，黑色的缎子。朝靴，古代百官穿的"乌皮履"。

69. 请了安：请安，即问安。清代的请安礼节是，男子打千，女子双手扶左膝，右腿微屈，往下蹲身，口称"请某人安"。

70. 坠角：用于朝珠、床帐等下端起下垂作用的小装饰品，这里指辫子梢部所坠的饰物。

71. 寄名锁：旧时怕幼儿夭亡，给寺院或道观一定财务，让幼儿当"寄名"弟子，并在幼儿的项下系一小金锁，名"寄名锁"。这是迷信习俗。

72. 护身符：是从道观领来的一种符箓，带在身上，避祸免灾。这是迷信习俗。

73. 《西江月》二词：这两首词用似砭实褒、寓褒于贬的手法揭示了贾宝玉的性格。西江月，词牌名。

74. 皮囊：一作"皮袋"，指人的躯壳。佛教认为人的灵魂不死不灭，人的肉体只是为灵魂提供暂时住所，犹如皮口袋。

75. 草莽：指野草、杂草。"腹内原来草莽"，意思是说贾宝玉腹中只有杂草，没有当时一般人所说的才学。

76. 潦倒：颓丧，失意，对自己的举止行为不加约束检点。

77. 偏僻：偏激，不端正。

78. 乖张：偏执，不驯顺，与众不同。

79. 可怜辜负好韶光：可惜白浪费了大好时光。可怜，这里是"可惜"的意思。辜负，也写作"孤负"，本意是背负、对不起，这里有"浪费"的意思。

80. 寄言纨袴（wánkù）与膏粱：莫效此儿形状，赠言公子哥儿的一句话：可别学这孩子的坏样子。寄言，赠言。纨绔，原指富贵人家子弟的华美衣着，引申指富贵人家的子弟。膏粱，肥肉精米，这里借指富贵子弟。

81. 罥（juàn）烟眉：形容眉毛像一抹轻烟。罥，缠绕。

82. 态生两靥（yè）之愁，娇袭一身之病：意思是妩媚的风韵生于含愁的面容，娇怯的情态出于孱弱的病体。态，情态，风韵。靥，面颊上的酒窝。袭，承继，由……而来。

83. 心较比干多一窍，病如西子胜三分：意思是林黛玉聪明颖悟，病弱娇美胜过西施。比干，商（殷）朝纣王的叔父。《史记·殷本纪》载："纣王淫乱，比干曰：'为人臣者，不得不以死争。'遁（乃）强谏纣。纣怒曰：'吾闻圣人心有七窍。'剖比干，观其心。"古人认为心窍越多越有智慧。

84. 些须：一点儿。

85. 《古今人物通考》：从下文来看，可能是宝玉的杜撰。

86. 劳什子（shízi）：使人讨厌的东西。

87. 套间：与正房相连的两侧房间。

88. 暖阁儿：是指在套间内再隔断为小房间，内设炕褥，两边安有隔扇，上边有一横眉，形成床帐的样子，称"暖阁"。

89. 碧纱橱：是清朝建筑内檐装修中隔断的一种，也称隔扇门、格门。清朝《装修作则例》中写作"隔扇碧纱橱"。用以隔断开间，中间两扇可以开关，格心多灯笼框式样，灯笼心上常糊以纸，纸上画花或题字；宫殿或富贵人家常在格心处安装玻璃或糊各色纱，所以叫"碧纱橱"，俗称"格扇"。这里的"碧纱橱里"，是指以碧纱橱隔开的里间。

90. 教引嬷嬷（mómo）：清朝皇子一落生，就有保母、乳母各八人；断乳后，增"谙达"（满语，伙伴、朋友的意思，这里指陪伴并负有教导责任的人），"凡饮食、言语、行步、礼节皆教之"。（见《清稗类钞》）贵族家庭的"教引嬷嬷"，职务与皇宫的"谙达"相似。

课后练习

一、仔细体会课文中的人物描写，回答下列问题。

1. 以下的外貌描写各写的是谁？分别表现了每个人怎样的特点？

①面若中秋之月，色如春晓之花，鬓若刀裁，眉如墨画，面如桃瓣，目若秋波。虽怒时而若笑，即瞋视而有情。

②一双丹凤三角眼，两弯柳叶吊梢眉，身量苗条，体格风骚，粉面含春威不露，丹唇未启笑先闻。

③泪光点点，娇喘微微。闲静时如姣花照水，行动处似弱柳扶风。心较比干多一窍，病如西子胜三分。

二、王熙凤见了黛玉后说："天下真有这样标致的人物，我今儿才算见了！况且这通身的气派，竟不像老祖宗的外孙女儿，竟是个嫡亲的孙女，怨不得老祖宗天天口头心头一时不忘。只可怜我这妹妹这样命苦，怎么姑妈偏就去世了！"这段话有几层意思？表现了王熙凤什么样的性格？

三、"步步留心，时时在意，不肯轻易多说一句话，多行一步路，唯恐被人耻笑了去。"这句话是林黛玉进贾府后言行举止的准则。在课文中找出紧扣这句话的有关描写，说说她为什么会有这样的心态。

四、《西江月》二词，反映了封建正统思想、世俗观念对贾宝玉的批判，作者却借此赞扬了他的性格。

1. "无故寻仇觅恨，有时似傻如狂"，说明他＿＿＿＿＿＿＿＿＿＿＿＿＿＿。

2. "潦倒不通世务，愚顽怕读文章"，因为他＿＿＿＿＿＿＿＿＿＿＿＿＿＿。

3. "行为偏僻性乖张，那管世人诽谤"，表现他＿＿＿＿＿＿＿＿＿＿＿＿＿。

4. "于国于家无望"，"古今不肖无双"，说明他＿＿＿＿＿＿＿＿＿＿＿＿。

十四、项　链[1]

［法国］莫泊桑[2]

阅读提示

《项链》是莫泊桑短篇小说中的精品，它以19世纪法国都市生活为背景，塑造了主人公玛蒂尔德这个典型形象。

小说按事件的自然进程叙写，以项链为线索展开情节。借项链、丢项链、赔项链——前一矛盾的解决预示着新的冲突，直至最后发展到高潮。整个故事情节跌宕起伏，引人入胜，生动地刻画了主人公玛蒂尔德的性格特征，并从社会根源和个人因素两方面揭示了造成主人公不幸的原因。特别是小说意想不到的结尾——项链是假的——把故事推向高潮，发人深省，阅读时要理解小说曲折的情节、巧妙的布局。

小说对玛蒂尔德的心理活动描写很生动、细腻，阅读时注意体会这些描写对刻画人物性格特点所起的作用。

她也是一个美丽动人的姑娘，好像由于命运的差错，生在一个小职员的家里。她没有陪嫁的资产，也没有什么法子让一个有钱的体面人认识她，了解她，爱她，娶她；最后只得跟教育部的一个小书记[3]结了婚。

她不能够讲究打扮，只好穿得朴朴素素，但是她觉得很不幸，好像这降低了她的身份似的。因为在妇女，美丽、丰韵[4]、娇媚，就是她们的出身；天生的聪明，优美的资质[5]，温柔的性情，就是她们唯一的资格。

她觉得她生来就是为着过高雅和奢华[6]的生活，因此她不断地感到痛苦。住宅的寒伦[7]，墙壁的黯淡，家具的破旧，衣料的粗陋，都使她苦恼。这些东西，在别的跟她一样地位的妇人，也许不会挂在心上，然而她却因此痛苦，因此伤心。她看着那个替她做琐碎家事的勃雷大涅省[8]的小女仆，心里就引起悲哀的感慨和狂乱的梦想。她梦想那些幽静的厅堂，那里装饰着东方的帷幕[9]，点着高脚的青铜灯，还有两个穿短裤的仆人，躺在宽大的椅子里，被暖炉的热气烘得打盹儿。她梦想那些宽敞的客厅，那里张挂着古式的壁衣[10]，陈设着精巧的木器、珍奇的古玩。她梦想那些华美的香气扑鼻的小客室，在那里，下午五点钟的时候，她跟最亲密的男朋友闲谈，或者跟那些一般女人所最仰慕最乐于结识的男子闲谈。

每当她在铺着一块三天没洗的桌布的圆桌边坐下来吃晚饭的时候，对面，她的丈夫揭开汤锅的盖子，带着惊喜的神气说："啊！好香的肉汤！再没有比这更好的了！……"这时候，她就梦想到那些精美的晚餐，亮晶晶的银器；梦想到那些挂在墙上的壁衣，上面绣着古装人物，仙境般的园林，奇异[11]的禽鸟；梦想到盛在名贵的盘碟里的佳肴[12]；梦想到一边吃着粉红色的鲈鱼[13]或者松鸡[14]翅膀，一边带着迷人的微笑听客人密谈。

她没有漂亮服装，没有珠宝，什么也没有，然而她偏偏只喜爱这些，她觉得自己生在世上就是为了这些。她一向就向往着得人欢心，被人艳羡[15]，具有诱惑力而被人追求。

她有一个有钱的女朋友[16]，是教会女校的同学，可是她再也不想去看望她了，因为看望回来就会感到十分痛苦。由于伤心，悔恨、失望、困苦，她常常整天地哭好几天。

然而，有一天傍晚，她丈夫得意洋洋地回家来，手里拿着一个大信封。

"看呀，"他说，"这里有点东西给你。"

她高高兴兴地拆开信封，抽出一张请柬[17]，上面印着这些字：

"教育部部长乔治·郎伯诺及夫人，恭请路瓦栽先生与夫人于1月18日（星期一）光临教育部礼堂，参加夜会。"

她不像她丈夫预料的那样高兴，她懊恼地把请柬丢在桌上，咕哝[18]着：

"你叫我拿着这东西怎么办呢？"

"但是，亲爱的，我原以为你一定很喜欢。你从来不出门，这是一个机会，这个，一个好机会！我费了多大力气才弄到手。大家都希望得到，可是很难得到，一向很少发给职员。你在那儿可以看见所有的官员。"

她用恼怒的眼睛瞪着他，不耐烦地大声说：

"你打算让我穿什么去呢？"

他没有料到这个，结结巴巴地说：

"你上戏园子穿的那件衣裳，我觉得就很好，依我……"

他住了口，惊慌失措[19]，因为看见妻子哭起来了，两颗大大的泪珠慢慢地顺着眼角流到嘴角来了。他吃吃地说：

"你怎么了？你怎么了？"

她费了很大的力，才抑制住悲痛，擦干她那润湿的两腮，用平静的声音回答：

"没有什么。只是，没有件像样的衣服，我不能去参加这个夜会。你的同事，谁的妻子打扮得比我好，就把这请柬送给谁去吧。"

他难受了，接着说：

"好吧，玛蒂尔德[20]。做一身合适的衣服，你在别的场合也能穿，很朴素的，得多少钱呢？"

她想了几秒钟，合计[21]出一个数目，考虑到这个数目可以提出来，不会招致这个俭省[22]的书记立刻的拒绝和惊骇[23]的叫声。

末了，她迟疑[24]地答道：

"准数呢，我不知道，不过我想，有四百法郎就可以办到。"

他脸色有点发白了。他恰好存着这么一笔款子，预备买一杆猎枪，好在夏季的星期天，跟几个朋友到南代尔平原去打云雀。

然而他说：

"就这样吧，我给你四百法郎。不过你得把这件长衣裙做得好看些。"

夜会的日子近了，但是路瓦栽夫人显得郁闷、不安、忧愁。她的衣服却做好了。她丈夫有一天晚上对她说：

"你怎么了？看看，这三天来你非常奇怪。"

她回答说：

"叫我发愁的是一粒珍珠、一块宝石都没有，没有什么戴的。我处处带着穷酸气，很想不去参加这个夜会。"

他说：

"戴上几朵鲜花吧。在这个季节里，这是很时新[25]的。花十个法郎，就能买两三朵别致的玫瑰。"

她还是不依。

"不成……在阔太太中间露穷酸相，再难堪也没有了。"

她丈夫大声说：

"你多么傻呀！去找你的朋友佛来思节夫人，向她借几样珠宝。你跟她很有交情，这点事满可以办到。"

她发出惊喜的叫声。

"真的！我倒没想到这个。"

第二天，她到她的朋友家里，说起自己的烦闷。

佛来思节夫人走近她那个镶着镜子的衣柜，取出一个大匣子，拿过来打开了，对路瓦栽夫人说：

"挑吧，亲爱的。"

她先看了几副镯子，又看了一挂珍珠项圈，随后又看了一个威尼斯式的镶着宝石的金十字架，做工非常精巧。她在镜子前边试这些首饰，犹豫不决，不知道该拿起哪件，放下哪件。她不断地问着：

"再没有别的了吗？"

"还有呢。你自己找吧，我不知道哪样合你的意。"

忽然她在一个青缎子盒子里发现一挂精美的钻石项链，她高兴得心也跳起来了。她双手拿着那项链发抖。她把项链绕着脖子挂在她那长长的高领上，站在镜前对着自己的影子出神好半天。

随后，她迟疑而焦急地问：

"你能借给我这件吗？我只借这一件。"

"当然可以。"

她跳起来，搂住朋友的脖子，狂热地亲她，接着就带着这件宝物跑了。

夜会的日子到了，路瓦栽夫人得到成功。她比所有的女宾都漂亮、高雅、迷人，她满脸笑容，兴高采烈。所有的男宾都注视她，打听她的姓名，求人给介绍；部里机要处的人员都想跟她跳舞，部长也注意她了。

她狂热地兴奋地跳舞，沉迷在欢乐里，什么都不想了。她陶醉[26]于自己的美貌胜过一切女宾，陶醉于成功的光荣，陶醉在人们对她的赞美和羡妒所形成的幸福的云雾里，陶醉在妇女们所认为最美满最甜蜜的胜利里。

她是早晨四点钟光景[27]离开的。她丈夫从半夜起就跟三个男宾在一间冷落[28]的小客室里睡着了。那时候，这三个男宾的妻子也正舞得快活。

她丈夫把那件从家里带来预备给她临走时候加穿的衣服，披在她的肩膀上。这是件朴素的家常衣服，这件衣服的寒碜味儿跟舞会上的衣服的豪华气派很不相称。她感觉到这一点，为了避免那些穿着珍贵皮衣的女人看见，想赶快逃走。

路瓦栽把她拉住，说：

"等一等，你到外边要着凉的。我去叫一辆马车来。"

但是她一点也不听，赶忙走下台阶。他们到了街上，一辆车也没看见，他们到处找，远远地看见车夫就喊。

他们在失望中顺着塞纳河²⁹走去，冷得发抖，终于在河岸上找着一辆拉晚儿³⁰的破马车。这种车，巴黎只有夜间才看得见；白天，它们好像自惭形秽³¹，不出来。

车把他们一直拉到马丁街寓所门口，他们惆怅³²地进了门。在她，一件大事算是完了。她丈夫呢，就想着十点钟得到部里去。

她脱下披在肩膀上的衣服，站在镜子前边，为的是趁这荣耀的打扮还在身上，再端详一下自己。但是，她猛然喊了一声。脖子上的钻石项链没有了。

她丈夫已经脱了一半衣服，就问：

"什么事情？"

她吓昏了，转身向着他说：

"我……我……我丢了佛来思节夫人的项链了。"

他惊慌失措地直起身子，说：

"什么！……怎么啦！……哪儿会有这样的事！"

他们在长衣裙褶里、大衣褶里寻找，在所有口袋里寻找，竟没有找到。

他问：

"你确实相信离开舞会的时候它还在吗？"

"是的，在教育部走廊上我还摸过它呢。"

"但是，如果是在街上丢的，我们总得听得见声响。一定是丢在车里了。"

"是的，很可能。你记得车的号码吗？"

"不记得。你呢，你没注意吗？"

"没有。"

他们惊慌地面面相觑³³。末后，路瓦栽重新穿好衣服。

"我去，"他说，"把我们走过的路再走一遍，看看会不会找着。"

他出去了。她穿着那件参加舞会的衣服，连上床睡觉的力气也没有，只是倒在一把椅子里发呆，精神一点也提不起来，什么也不想。

七点钟光景，她丈夫回来了。什么也没找着。

后来，他到警察厅去，到各报馆去，悬赏招寻，也到所有车行去找。总之，凡有一线希望的地方，他都去过了。

她面对着这不幸的灾祸，整天等候着，整天在惊恐的状态里。

晚上，路瓦栽带着瘦削³⁴苍白的脸回来了，一无所得。

"应该给你的朋友写信，"他说，"说你把项链的搭钩³⁵弄坏了，正在修理。这样，我们才有周转的时间。"

她照他说的写了封信。

过了一个星期，他们所有的希望都断绝了。

路瓦栽，好像老了五年，他决然说：

"应该想法赔偿这件首饰了。"

第二天，他们拿了盛项链的盒子，照着盒子上的招牌字号[36]找到那家珠宝店。老板查看了许多账簿[37]，说：

"太太，这挂项链不是我卖出的；我只卖出这个盒子。"

于是他们就从这家珠宝店到那家珠宝店，凭着记忆去找一挂同样的项链。两人都愁苦不堪，快病倒了。

在皇宫街一家铺子里，他们看见一挂钻石项链，正跟他们找的那一挂一样，标价四万法郎。老板让了价，只要三万六千。

他们恳求老板，三天以内不要卖出去。他们又订了约，如果原来那一挂在 2 月底以前找着，那么老板可以拿三万四千收回这一挂。

路瓦栽现有父亲遗留给他的一万八千法郎。其余的，他得去借。

他开始借钱了。向这个借一千法郎，向那个借五百法郎，从这儿借五个路易，从那儿借三个路易。他签了好些债券，订了好些使他破产的契约[38]。他跟许多放高利贷的人和各种不同国籍的放债人打交道。他顾不得后半世的生活了，冒险到处签着名，却不知道能保持信用不能。未来的苦恼，将要压在身上的残酷的贫困，肉体的苦楚，精神的折磨，在这一切的威胁之下，他把三万六千法郎放在商店的柜台上，取来那挂新的项链。

路瓦栽夫人送还项链的时候，佛来思节夫人带着一种不满意的神情对她说：

"你应当早一点还我，也许我早就要用它了。"

佛来思节夫人没有打开盒子。她的朋友正担心她打开盒子。如果发她发觉是件代替品，她会怎样想呢？会怎样说呢？她不会把她的朋友当做一个贼吗？

路瓦栽夫人懂得穷人的艰难生活了。她一下子显出了英雄气概，毅然决然打定了主意。她要偿还这笔可怕的债务。她就设法偿还。她辞退了女仆，迁移了住所，租赁了一个小阁楼住下。

她会做家里的一切粗笨活儿和厨房里的讨厌的杂事了。她刷洗杯盘碗碟，在那油腻的盆沿上和锅底上磨粗了她那粉嫩的手指。她用肥皂洗衬衣，洗抹布，晾在绳子上。每天早晨，她把垃圾从楼上提到街上，再把水从楼下提到楼上，走上一层楼，就站住喘气。她穿得像一个穷苦的女人，胳膊上挎着篮子，到水果店里、杂货店里、肉铺里，争价钱，受嘲骂，一个铜子一个铜子地节省她那艰难的钱。

月月都得还一批旧债，借一些新债，这样来延缓清偿的时日。

她丈夫一到晚上就给一个商人誊写³⁹账目，常常到了深夜还在抄写五个铜子一页的书稿。

　　这样的生活继续了十年。

　　第十年年底，债都还清了，连那高额的利息和利上加利滚成的数目都还清了。

　　路瓦栽夫人现在显得老了。她成了一个穷苦人家的粗壮耐劳的妇女了。她胡乱地挽着头发，歪斜地系着裙子，露着一双通红的手，高声大气地说着话，用大桶的水刷洗地板，但是有时候，她丈夫办公去了，她一个人坐在窗前，就回想起当年那个舞会来，那个晚上，她多么美丽，多么使人倾倒⁴⁰啊！

　　要是那时候没有丢掉那挂项链，她现在是怎样一个境况呢？谁知道呢？谁知道呢？人生是多么奇怪，多么变幻无常啊，极细小的一件事可以败坏你，也可以成全你！

　　有一个星期天，她到极乐公园去走走，舒散一星期来的疲劳。这时候，她忽然看见一个妇人领着一个孩子在散步。原来就是佛来思节夫人，她依旧年轻，依旧美丽动人。

　　路瓦栽夫人无限感慨。她要上前去跟佛来思节夫人说话吗？当然，一定得去。而且现在她把债都还清，她可以完全告诉她了。为什么不呢？

　　她走上前去。

　　"你好，珍妮⁴¹。"

　　那一个竟一点也不认识她了。一个平民妇人这样亲昵地叫她，她非常惊讶。她磕磕巴巴地说：

　　"可是……太太……我不知道……你一定是认错了。"

　　"没有错。我是玛蒂尔德·路瓦栽。"

　　她的朋友叫了一声：

　　"啊！……我可怜的玛蒂尔德，你怎么变成这样了！……"

　　"是的，多年不见面了，这些年来我忍受着许多苦楚⁴²，……而且都是因为你！……"

　　"因为我？……这是怎么讲的？"

　　"你一定记得你借给我的那挂项链吧，我戴了去参加教育部夜会的那挂。"

　　"记得。怎么样呢？"

　　"怎么样？我把它丢了。"

　　"哪儿的话！你已经还给我了。"

　　"我还给你的是另一挂，跟你那挂完全相同。你瞧，我们花了十年工夫，才付清它的代价。你知道，对于我们这样什么也没有的人，这可不是容易的啊！……不过事情到底了结⁴³了，我倒很高兴了。"

　　佛来思节夫人停下了脚步，说：

　　"你是说你买了一挂钻石项链赔我吗？"

"对呀。你当时没有看出来？简直是一模一样的啊。"

于是她带着天真的得意的神情笑了。

佛来思节夫人感动极了，抓住她的双手，说：

"唉！我可怜的玛蒂尔德！可是我那一挂是假的，至多值五百法郎！……"

课文注释

1. 发表于 1884 年，原题《首饰》。《项链》这个译名是由英译本转译过来的，因为沿用已久，这里仍旧用它。这篇课文是以几种中文译文为基础，并根据法文本校订的。

2. 莫泊桑：19 世纪后半期法国优秀的批判现实主义作家。他一生写了近三百篇短篇小说和六部长篇小说，他的文学成就以短篇小说最为突出，被誉为世界"短篇小说之王"。著名的作品包括短篇小说《羊脂球》《两个朋友》《米隆老爹》《项链》《我的叔叔于勒》和长篇小说《漂亮朋友》、《一生》等。

3. 书记：旧时在机关里做抄写工作的职员。

4. 丰韵：优美的姿态（多用于女子），同"风韵"。

5. 资质：人的天姿、气质，指姿态容貌。

6. 奢华：花费大量钱财摆门面，指"奢侈浮华"。

7. 寒伧（chen）：难看，不体面，丢脸。

8. 勃雷大涅省：法国西部靠海的一个省区。雇佣这个地方的人，工资比较低。

9. 帷幕：挂在较大的屋子里或舞台上的遮挡用的幕。

10. 壁衣：装饰墙壁的织物。

11. 奇异：奇特，特别。

12. 佳肴：指精美的饭菜和可口的食品，形容食物非常好吃。

13. 鲈（lú）鱼：一种嘴大鳞细的鱼，肉味鲜美。

14. 松鸡：一种山鸡，脚上长满羽毛，背部有白、黄、褐、黑等杂色的斑纹，生长在寒冷地带的森林中，肉味鲜美。

15. 艳羡：十分喜爱，十分羡慕。

16. 一个有钱的女朋友：指下文的佛来思节夫人。

17. 请柬：又称为请帖、简帖。为了邀请客人参加某项活动而发的礼仪性书信。

18. 咕（gū）哝（nong）：小声地说话（多指自言自语，并带不满情绪）。

19. 惊慌失措：吓得慌了手脚，不知如何是好。

20. 玛蒂尔德：路瓦栽夫人的名字。

21. 合计：合在一起计算，总计。

22. 俭省：节省，不浪费财物。

23. 惊骇（hài）：惊慌害怕。

24. 迟疑：犹豫，拿不定主意。

25. 时新：某个时期最新的，时髦的。

26. 陶醉：忘我地沉浸于某种事物或情境中，以求得内心的安慰。

27. 光景：表示大约的时间或数量。

28. 冷落：冷清，不热闹。

29. 塞纳河：法国西北部的一条河，流经巴黎，把巴黎分为河南河北两部分。

30. 拉晚儿：北方方言，特指人力车工人夜间出车。

31. 自惭形秽（huì）：看到自己不如别人而感到羞愧。形秽，形态丑陋，引申为感到自身的缺点或者不足。

32. 惆怅：因失意或失望而伤感、愁闷。

33. 面面相觑（qù）：你看我，我看你，不知道如何是好。形容人们因惊恐或无可奈何而互相望着，都不说话。觑，看。

34. 瘦削：消瘦得像被削过一样，形容憔悴。

35. 搭钩：这里指项链两头连接的钩子。

36. 字号：商店的名称。

37. 账簿：记载货币、货物出入事项的本子。

38. 契约：双方或多方共同协议订立的有关买卖、抵押、租赁等关系的文书、条款。

39. 誊（téng）写：照底稿抄写。

40. 倾倒：十分佩服或爱慕。

41. 珍妮：佛来思节夫人的名字。

42. 苦楚：痛苦，苦难，多指生活上的感受。

43. 了结：解决，指一件事的完结、结束。

课后练习

一、情节是人物性格成长的历史。这篇小说的情节安排能印证这句话吗？小说的高潮在哪里？作者这样设计高潮有什么好处？

二、《项链》成功地使用了心理描写来塑造人物形象。请分析下面几段心理描写分别表现了玛蒂尔德什么样的思想性格。

（1）她没有漂亮服装，没有珠宝，什么也没有。然而她偏偏只喜爱这些，她觉得自己生在世上就是为了这些。她一向就向往着得人欢心，被人艳羡，具有诱惑力而被人追求。

（2）路瓦栽夫人懂得穷人的艰难生活了。她一下子显出了英雄气概，毅然决然打定了主意。她要偿还这笔可怕的债务。

（3）但是有时候，她丈夫办公去了，她一个人坐在窗前，就回想起当年那个舞会来，那个晚上，她多么美丽，多么使人倾倒啊！

三、说说下列句中加点词语的表达作用。

1. 住宅的寒碜，墙壁的黯淡，家具的破旧，衣料的粗陋，都使她苦恼。

2. 她梦想那些宽敞的客厅，那里张挂着古式的壁衣，陈设着精巧的木器，珍奇的古玩——

3. 她一向就向往着得人欢心，被人艳羡，具有诱惑力而被人追求。

4. 她狂热地兴奋地跳舞，沉迷在欢乐里——陶醉在妇女们所认为最美满最甜蜜的胜利里。

5. 她成了一个穷苦人家的粗壮耐劳的妇女了。她胡乱地挽着头发，歪斜地系着裙子，露出一双通红的手，高声大气地说着话，用大桶的水刷洗地板。

四、你喜欢玛蒂尔德这个人物吗？说说你对这个人物的评价，要有理有据，做点分析。

五、"要是那时候没有丢掉那挂项链，她现在是怎样一个境况呢？谁知道呢？谁知道呢？人生是多么奇怪，多么变幻无常啊，极细小的一件事可以败坏你，也可以成全你！"如果没有发生丢失项链这件小事，玛蒂尔德的命运也许不会发生如此巨大的改变。你在生活中见过类似的事例吗？说说你的看法。

十五、装在套子里的人[1]

［俄国］ 契诃夫[2]

阅读提示

这篇小说反映了19世纪末沙皇俄国的黑暗现实。1881年，沙皇亚历山大二世被刺身亡，三世即位后加强恐怖统治，警察和暗探密布俄罗斯，大批革命者被流放，进步报刊被查封，政府对舆论的钳制日益加紧，告密之风日益盛行，许多要求自由的人惨死于政治迫害。在这种"禁锢得比罐头还严密"的专制制度下，人民群众敢怒不敢言，享受不到起码的民主权利。就是在这特殊的政治环境下，小说用夸张、讽刺的艺术手法，成功地塑造了别里科夫这个可怜虫形象。作者对这个人物形象的外貌、心理、语言、动作的描写生动传神，既写出了他的外在特征，又揭示了他的内心世界。

虽然作品问世的时代距今天已经很遥远了，但在现实生活中，小说中的"套中人"的影子还时隐时现，该如何正确认识社会中的各式"套子"，这篇小说会给大家很多启示。阅读时，要细细品味小说幽默讽刺的语言，把握别里科夫的性格特点及形象意义。

　　我[3]的同事希腊文教师别里科夫两个月前才在我们城里去世。您一定听说过他[4]。他也真怪，即使在最晴朗的日子，也穿上雨鞋，带上雨伞，而且一定穿着暖和的棉大衣。他总是把雨伞装在套子里，把表放在一个灰色的鹿皮套子里；就连削铅笔的小刀也是装在一个小套子里的。他的脸也好像蒙着套子，因为他老是把它藏在竖起的衣领里。他戴黑眼镜，穿羊毛衫，用棉花堵住耳朵眼儿。他一坐上马车，总要叫马车夫支起车篷。总之，这人总想把自己包在壳子里，仿佛要为自己制造一个套子，好隔绝人世，不受外界影响。现实生活刺激他，惊吓他，老是闹得他六神不安[5]。也许为了替自己的胆怯[6]、自己对现实的憎恶[7]辩护吧，他老是歌颂过去，歌颂那些从没存在的东西；事实上他所教的古代语言，对他来说，也就是雨鞋和雨伞，使他借此躲避现实生活。

　　别里科夫把他的思想也极力藏在一个套子里。只有政府的告示和报纸上的文章，其中规定着禁止什么，他才觉得一清二楚。看到有个告示禁止中学生在晚上九点钟以后到街上去，他就觉得又清楚又明白：这种事是禁止的，好，这就行了。但是他觉着在官方的批准或者默许里面，老是包藏[8]着使人怀疑的成分，包藏着隐隐约约、还没充分说出来的成分。每逢经过当局批准，城里开了一个戏剧俱乐部，或者阅览室，或者茶馆，他总要摇摇头，低声说：

　　"当然，行是行的，这固然很好，可是千万别闹出什么乱子[9]。"

　　凡是违背法令、脱离常规、不合规矩的事，虽然看来跟他毫不相干，却惹得他闷闷不乐。要是他的一个同事到教堂参加祈祷式[10]去迟了，或者要是他听到流言，说是中学的学生闹了乱子，他总是心慌得很，一个劲儿地说：千万别闹出什么乱子。在教务会议上，他那种慎重，那种多疑，那种纯粹套子式的论调[11]，简直压得我们透不出气。他说什么不管男子中学里也好，女子中学里也好，年轻人都不安分，教室里闹闹吵吵——唉，只求这种事别传到当局的耳朵里去才好，只求不出什么乱子才好。他认为如果把二年级的彼得洛夫和四年级的叶果洛夫开除，那才妥当。您猜怎么着？他凭他那种唉声叹气他那种垂头丧气和他那苍白的小脸上的眼镜，降服[12]了我们，我们只好让步，减低彼得洛夫和叶果洛夫的品行分数，把他们禁闭起来，到后来把他俩开除了事。我们教师们都怕他，信不信由您。我们这些教师都是有思想的、很正派的人，受过屠格涅夫[13]和谢德林[14]的陶冶[15]，可是这个老穿着雨鞋、拿着雨伞的小人物，却把整个中学辖制了足足十五年！可是光辖制[16]中学算得了什么？全城都受着他辖制呢！我们这儿的太太们到礼拜六不办家庭戏剧晚会，因为怕他听见；教士们当着他的面不敢吃荤，也不敢打牌。在别里科夫这类人的影响下，全城的人战战兢兢[17]地生活了十年到十五年，什么事都怕。他们不敢大声说话，不敢写信，不敢交朋友，不敢看书，不敢周济[18]穷人，不敢教人念书写字……

别里科夫跟我同住在一所房子里。他的卧室挺小，活像一只箱子，床上挂着帐子。他一上床，就拉过被子来蒙上脑袋。房里又热又闷，风推着关紧的门，炉子里嗡嗡地叫，厨房里传来叹息声——不祥的叹息声……他躺在被子底下，战战兢兢，生怕[19]会出什么事，生怕小贼溜进来。他通宵做噩梦，到早晨我们一块儿到学校去的时候，他没精打采，脸色苍白。他所去的那个挤满了人的学校，分明使得他满心害怕和憎恶；跟我并排走路，对他那么一个性情孤僻[20]的人来说，显然也是苦差事。

可是，这个装在套子里的人，差点结了婚。有一个新的史地教员，一个原籍乌克兰，名叫密哈益·沙维奇·柯瓦连科的人，派到我们学校里来了。他是带着他姐姐华连卡一起来的。后来，由于校长太太的尽力撮合[21]，华连卡开始对我们的别里科夫明白地表示好感了。在恋爱方面，特别是在婚姻方面，怂恿[22]总要起很大的作用的。人人——他的同事和同事的太太们——开始向别里科夫游说[23]：他应当结婚。况且，华连卡长得不坏，招人喜欢；她是五等文官的女儿，有田产；尤其要紧的，她是第一个待他诚恳而亲热的女人。于是他昏了头，决定结婚了。

但是华连卡的弟弟从认识别里科夫的第一天起，就讨厌他。

现在，你听一听后来发生的事吧。有个促狭鬼[24]画了一张漫画，画着别里科夫打了雨伞，穿了雨鞋，卷起裤腿，正在走路，臂弯里挽着华连卡；下面缀着一个题名："恋爱中的 anthropos[25]。"您知道，那神态画得像极了。那位画家一定画了不止一夜，因为男子中学和女子中学里的教师们、神学校的教师们、衙门里的官儿，全接到一份。别里科夫也接到一份。这幅漫画弄得他难堪极了。

我们一块儿走出了宿舍。那天是五月一日，礼拜天，学生和教师事先约定在学校里会齐，然后一块儿走到城郊的一个小林子里去。我们动身了，他脸色发青，比乌云还要阴沉。

"天下竟有这么歹毒[26]的坏人！"他说，他的嘴唇发抖了。

我甚至可怜他了。我们走啊走的，忽然间，柯瓦连科骑着自行车来了，他的后面，华连卡也骑着自行车来了，涨红了脸，筋疲力尽，可是快活，兴高采烈。

"我们先走一步！"她嚷道，"多可爱的天气！多可爱，可爱得要命！"

他俩走远，不见了。别里科夫脸色从发青到发白。他站住，瞧着我：

"这是怎么回事？或者，也许我的眼睛骗了我？难道中学教师和小姐骑自行车还成体统[27]吗？"

"这有什么不成体统的？"我问，"让他们尽管骑他们的自行车，快快活活地玩一阵好了。"

"可是这怎么行？"他叫起来，看见我平心静气，觉得奇怪，"您在说什么呀？"

他似乎心里乱得很，不肯再往前走，回家去了。

第二天他老是心神不定地搓手，打哆嗦；从他的脸色分明看得出来他病了。还没到放学的时候，他就走了，这在他还是生平第一回呢。他没吃午饭。将近傍晚，他穿得暖暖和和的，到柯瓦连科家里去了。华连卡不在家，就只碰到她弟弟。

"请坐！"柯瓦连科冷冷地说，皱起眉头。别里科夫沉默地坐了十分钟光景[28]，然后开口了：

"我上您这儿来，是为要了却我的一桩心事。我烦恼得很，烦恼得很。有个不怀好意的家伙画了一张荒唐的漫画，画的是我和另一个跟您和我都有密切关系的人。我认为我有责任向您保证我跟这事没一点关系。……我没有做出什么事来该得到这样的讥诮[29]——刚好相反，我的举动素来[30]在各方面都称得起是正人君子[31]。"

柯瓦连科坐在那儿生闷气，一句话也不说。别里科夫等了一忽儿，然后压低喉咙，用悲凉的声调接着说：

"另外我有件事情要跟您谈一谈。我在这儿做了多年的事，您最近才来；既然我是一个比您年纪大的同事，我就认为我有责任给您进一个忠告。您骑自行车，这种消遣[32]，对青年的教育者来说，是绝对不合宜[33]的！"

"怎么见得？"柯瓦连科问。

"难道这还用解释吗，密哈益·沙维奇，难道这不是理所当然吗？如果教师骑自行车，那还能希望学生做出什么好事来？他们所能做的就只有倒过来，用脑袋走路了！既然政府还没有发出通告，允许做这种事，那就做不得。昨天我吓坏了！我一看见您的姐姐，眼前就变得一片漆黑。一位小姐，或者一个姑娘，却骑自行车——这太可怕了！"

"您到底要怎么样？"

"我所要做的只有一件事，就是忠告您，密哈益·沙维奇。您是青年人，您前途远大，您的举动得十分小心才成；您却这么马马虎虎，唉，这么马马虎虎！您穿着绣花衬衫出门，人家经常看见您在大街上拿着书走来走去，现在呢，又骑什么自行车。校长会听说您和您姐姐骑自行车的，然后，这事又会传到督学[34]的耳朵里……这还会有好下场么？"

"讲到我姐姐和我骑自行车，这可不干别人的事。"柯瓦连科涨红了脸说，"谁要来管我的私事，就叫他滚！"

别里科夫脸色苍白，站起来。

"您用这种口吻跟我讲话，那我不能再讲下去了。"他说，"我请求您在我面前谈到上司的时候不要这样说话；您对上司应当尊敬才对。"

"难道我对上司说了什么不好的话？"柯瓦连科问，生气地瞧着他，"请您躲开我。我是正大光明的人，不愿意跟您这样的先生讲话。我不喜欢那些背地里进谗言[35]的人。"

别里科夫心慌意乱，匆匆忙忙地穿大衣，脸上带着恐怖的神情。这还是他生平第一回听到别人对他说这么不客气的话。

"随您怎么说，都由您好了。"他一面走出门道，到楼梯口去，一面说，"只是我得跟您预先声明一下：说不定有人偷听了我们的谈话了，为了避免我们的谈话被人家误解以致闹出什么乱子起见，我得把我们的谈话内容报告校长——把大意说明一下。我不能不这样做。"

"报告他？去，尽管报告去吧！"

柯瓦连科在他后面一把抓住他的衣领，使劲一推，别里科夫就连同他的雨鞋一齐乒乒乓乓地滚下楼去。楼梯又高又陡，不过他滚到楼下却安然无恙，站起来。摸摸鼻子，看了看他的眼镜碎了没有。可是，他滚下楼的时候，偏巧华连卡回来了，带着两位女士。她们站在楼下，怔住[36]了。这在别里科夫却比任何事情都可怕。我相信他情愿摔断脖子和两条腿，也不愿意成为别人取笑的对象。是啊，这样一来，全城的人都会知道这件事，还会传到校长耳朵里去，还会传到督学耳朵里去。哎呀，不定会闹出什么乱子！说不定又会有一张漫画，到头来弄得他奉命退休吧。

等到他站起来，华连卡才认出是他。她瞧着他那滑稽[37]的脸相，他那揉皱的大衣，他那雨鞋，不明白是怎么回事，以为他是一不小心摔下来的，就忍不住纵声大笑，笑声在整个房子里响着：

"哈哈哈！"

这响亮而清脆的"哈哈哈"就此结束了一切事情：结束了预想中的婚事，结束了别里科夫的人间生活。他没听见华连卡说什么话，他什么也没有看见。一到家，他第一件事就是从桌子上撤去华连卡的照片；然后他上了床，从此再也没起过床。

过了一个月，别里科夫死了。我们都去送葬。

我们要老实说：埋葬别里科夫那样的人，是一件大快人心的事。我们从墓园回去的时候，露出忧郁和谦虚的脸相[38]；谁也不肯露出快活的感情。——像那样的感情，我们很久很久以前做小孩子的时候，遇到大人不在家，我们到花园里去跑一两个钟头，享受完全自由的时候，才经历过。

我们高高兴兴地从墓园回家。可是一个礼拜还没有过完，生活又恢复旧样子，跟先前一样郁闷、无聊、乱糟糟了。局面并没有好一点。实在，虽然我们埋葬了别里科夫，可是这种装在套子里的人，却还有许多，将来也还不知道有多少呢！

课文注释

1. 又译为《套中人》，是安东·巴甫洛维奇·契诃夫最杰出的短篇小说之一。选自《契诃夫短篇小说选》（中国青年出版社，1955）。文字有删节。19 世纪末期，俄国工人运动逐渐开展，工人阶级的政党正在形成。反动的沙皇政府面临着日益高涨的革命形势，极力加强反动统治，在全国造成了沉重的压抑的气氛。沙皇政府的忠实拥护者，极力维护沙皇帝国的统治，仇视一切新鲜事物。本文发表于 1898 年，就是针对上述黑暗现实而写的。

2. 安东·巴甫洛维奇·契诃夫：俄国 19 世纪末期最后一位批判现实主义艺术大师。杰出的短篇小说家和戏剧家，以短篇小说和戏剧著称于世，他也是世界文坛"短篇小说三巨匠"之一。代表作有短篇小说《变色龙》、《小公务员之死》；戏剧《万尼亚舅舅》、《三姊妹》、《樱桃园》等。他的小说的总特点是：运用幽默讽刺的手法，塑造了形形色色的人物形象，揭露了那个社会的各种病态，抨击了沙皇专制制度，热烈地向往新生活的到来。

3. 我：这篇小说借中学教师布尔金同兽医伊凡·伊凡尼奇的谈话叙述别里科夫的故事，课文作了删节，只留了谈话的大部分内容。这里的"我"是布尔金。

4. 他：这里的"他"是双关语，既指小说中的人物别里科夫，又指别里科夫所代表的套子。套子处处有，所以"你一定听说过他"。

5. 六神不安：形容惊慌或着急而没有主意。

6. 胆怯（qiè）：胆小，缺少勇气。

7. 憎恶（zēng wù）：憎恨、厌恶。

8. 包藏：指包含，隐藏。

9. 乱子：纠纷，祸事。

10. 祈祷式：信仰宗教的人向神默告自己的愿望的一种宗教仪式。

11. 论调：议论的腔调，观点，看法。

12. 降（xiáng）服：制服，使驯服。

13. 屠格涅夫：（1818—1883）俄国著名的作家，代表作有《猎人笔记》《父与子》等。

14. 谢德林：（1826—1889）俄国著名的讽刺作家、革命民主主义者。

15. 陶冶：指怡情养性，比喻给人的思想、性格以有益的影响。

16. 辖制：管束。

17. 战战兢（jīng）兢：形容因害怕而微微发抖的样子。

18. 周济：对穷困的人给予物质上的帮助。

19. 生怕：指非常担心或害怕某一件事情的发生。

20. 性情孤僻：多用于形容人的性情孤独怪异，难或不想与常人相处。

21. 撮合：指从中介绍促成。

22. 怂恿（sǒng yǒng）：鼓励别人去做某事。

23. 游说（shuì）：古代叫做"说客"的政客，奔走各国，凭着口才劝说君主采纳他的主张，叫做游说。

24. 促狭鬼：爱捉弄人的人。

25. anthropos：希腊语，"人"的意思。

26. 歹毒：阴险狠毒。

27. 体统：体制，格局，规矩。

28. 光景：表示大约的时间或数量。

29. 讥诮：冷言冷语地讥讽。

30. 素来：常作书面语，是向来，一向的意思，形容一直保持不变的事。

31. 正人君子：指品行端正的人。

32. 消遣：用自己感觉愉快的事来度过空闲的时间，消闲解闷。

33. 合宜：合适，恰当。

34. 督学：教育行政机关中负责视察、监督学校工作的人员。

35. 谗言：指说坏话诽谤人。亦指坏话，挑拨离间的话。

36. 怔住：发呆，惊呆了。

37. 滑稽（jī）：一般指言语、动作或事态令人发笑。

38. 脸相：脸部特征，脸部喜、怒、哀、乐的表情。

课后练习

一、作者从哪几个方面去表现别里科夫的"套子"特点？别里科夫又为什么把自己装在套子里呢？

二、别里科夫见到漫画和未婚妻骑车分别有怎样的反应？为什么会有这样的反应？

三、别里科夫摔下楼后的状况如何？请在下面的横线上填入简明的词语回答。

身体上_____

精神上_____

四、有人说，别里科夫既是沙俄专制制度的受害者，又是它的卫道士。你赞同这个观点吗？

五、简答下列问题

1. 别里科夫不过是一个教希腊文的中学教员，可为什么作品中的教师和全城的人都怕他？别里科夫终日六神无主、战战兢兢，他怕的又是什么？这两种怕有什么关系？

2. 课文结尾有什么深刻含义？

3. 在我们现实生活中，还有别里科夫这类的人吗？谈谈你的看法。

十六、药[1]

鲁迅[2]

阅读提示

这是一篇具有强烈时代意义的小说。作品以辛亥革命为背景，从一个侧面展现了当时的社会现实。为了推翻封建制度而英勇就义的革命者夏瑜的鲜血，竟成了贫民华老栓夫妇为儿子治病的"药"。华、夏两家的悲剧折射出辛亥革命的悲剧，中华民族的悲剧！作品正是通过这一典型事件，深刻揭露了封建统治阶级镇压革命、愚弄人民的反动本质，表现了群众的愚昧和辛亥革命严重脱离群众的弱点，说明倘不唤醒民众，就不能彻底改变中国的社会面貌取得革命胜利。鲁迅先生说："我的取材，多采自病态社会的不幸人们中，意思是揭出病苦，引起疗救的注意。"（《我怎么做起小说来》）小说以"药"为题，是有深刻含义的。

《药》的艺术结构是新颖独特的。作者采用横截面的方式，使情节、场景存在于较短的时间和较集中的空间里，着重描写了买"药"、吃"药"、议"药"的情景，而以纵截面的方式又把情节推展到"上坟"这一结局。纵横结合，运用得十分自如。同时还巧妙地安排了一明一暗两条线索贯穿全文，或并行，或交织，互相照应，互相补足，严谨精炼而耐人寻味。

一

秋天的后半夜，月亮下去了，太阳还没有出，只剩下一片乌蓝的天；除了夜游的东西，什么都睡着。华老栓忽然坐起身，擦着火柴，点上遍身油腻的灯盏，茶馆的两间屋子里，便弥满了青白的光。

"小栓的爹，你就去么？"是一个老女人的声音。里边的小屋子里，也发出一阵咳嗽。

"唔。"老栓一面听，一面应，一面扣上衣服；伸手过去说，"你给我罢。"

华大妈在枕头底下掏了半天，掏出一包洋钱，交给老栓，老栓接了，抖抖的装入衣袋，又在外面按了两下；便点上灯笼，吹熄灯盏，走向里屋子去了。那屋子里面，正在窸窸窣窣[3]的响，接着便是一通咳嗽。老栓候他平静下去，才低低的叫道，"小栓……你不要起来。……店么？你娘会安排的。"

老栓听得儿子不再说话，料他安心睡了，便出了门，走到街上。街上黑沉沉的一无所有，只有一条灰白的路，看得分明。灯光照着他的两脚，一前一后的走。有时也遇到几只狗，可是一只也没有叫。天气比屋子里冷得多了；老栓倒觉爽快，仿佛一旦变了少年，得了神通[4]，有给人生命的本领似的，跨步格外高远。而且路也愈走愈分明，天也愈走愈亮了。

老栓正在专心走路，忽然吃了一惊，远远里看见一条丁字街，明明白白横着。他便退了几步，寻到一家关着门的铺子，蹩进[5]檐下，靠门立住了。好一会儿，身上觉得有些发冷。

"哼，老头子。"

"倒高兴……"

老栓又吃一惊，睁眼看时，几个人从他面前过去了。一个还回头看他，样子不甚分明，但很像久饿的人见了食物一般，眼里闪出一种攫取[6]的光。老栓看看灯笼，已经熄了。按一按衣袋，硬硬的还在。仰起头两面一望，只见许多古怪的人，三三两两，鬼似的在那里徘徊；定睛再看，却也看不出什么别的奇怪。

没有多久，又见几个兵，在那边走动；衣服前后的一个大白圆圈[7]，远地里也看得清楚，走过面前的，并且看出号衣[8]上暗红色的镶边。——一阵脚步声响，一眨眼，已经拥过了一大簇人。那三三两两的人，也忽然合作一堆，潮一般向前进；将到丁字街口，便突然立住，簇成一个半圆。

老栓也向那边看，却只见一堆人的后背；颈项都伸得很长，仿佛许多鸭，被无形的手捏住了似的，向上提着。静了一会，似乎有点声音，便又动摇起来，轰的一声，都向后退；一直散到老栓立着的地方，几乎将他挤倒了。

"喂！一手交钱，一手交货！"一个浑身黑色的人，站在老栓面前，眼光正像两把刀，刺得老栓缩小了一半。那人一只大手，向他摊着；一只手却撮着一个鲜红的馒头[9]，那红的还是一点一点的往下滴。

老栓慌忙摸出洋钱，抖抖的想交给他，却又不敢去接他的东西。那人便焦急起来，嚷道，"怕什么？怎的不拿！"老栓还踌躇着；黑的人便抢过灯笼，一把扯下纸罩，裹了馒头，塞与老栓；一手抓过洋钱，捏一捏，转身去了，嘴里哼着说，"这老东西……"

"这给谁治病的呀？"老栓也似乎听得有人问他，但他并不答应；他的精神，现在只在一个包上，仿佛抱着一个十世单传[10]的婴儿，别的事情，都已置之度外了。他现在要将这包里的新的生命，移植到他家里，收获许多幸福。太阳也出来了，在他面前，显出一条大道，直到他家中，后面也照见丁字街头破匾上"古口亭口[11]"这四个黯淡的金字。

二

老栓走到家，店面早经收拾干净，一排一排的茶桌，滑溜溜的发光。但是没有客人：只有小栓坐在里排的桌前吃饭，大粒的汗，从额上滚下，夹袄也贴住了脊心，两块肩胛骨高高凸出，印成一个阳文[12]的"八"字。老栓见这样子，不免皱一皱展开的眉心。他的女人，从灶下急急走出，睁着眼睛，嘴唇有些发抖。

"得了么？"

"得了。"

两个人一齐走进灶下，商量了一会；华大妈便出去了，不多时，拿着一片老荷叶回来，摊在桌上。老栓也打开灯笼罩，用荷叶重新包了那红的馒头。小栓也吃完饭，他的母亲慌忙说：

"小栓——你坐着，不要到这里来。"

一面整顿了灶火，老栓便把一个碧绿的包，一个红红白白的破灯笼，一同塞在灶里；一阵红黑的火焰过去时，店屋里散满了一种奇怪的香味。

"好香！你们吃什么点心呀？"这是驼背五少爷到了。这人每天总在茶馆里过日，来得最早，去得最迟，此时恰恰蹩到临街的壁角的桌边，便坐下问话，然而没有人答应他。"炒米粥[13]么？"仍然没有人应。老栓匆匆走出，给他泡上茶。

"小栓进来罢！"华大妈叫小栓进了里面的屋子，中间放好一条凳，小栓坐了。他的母亲端过一碟乌黑的圆东西，轻轻说：

"吃下去罢，——病便好了。"

小栓撮起这黑东西，看了一会儿，似乎拿着自己的性命一般，心里说不出的奇怪。十分小心的拗开[14]了，焦皮里面窜出一道白气，白气散了，是两半个白面的馒头。——不多工夫，已经全在肚里了，却全忘了什么味；面前只剩下一张空盘。他的旁边，一面立着他的父亲，一面立着他的母亲，两人的眼光，都仿佛要在他身里注进什么又要取出什么似的；便禁不住心跳起来，按着胸膛，又是一阵咳嗽。

"睡一会罢，——便好了。"

小栓依他母亲的话，咳着睡了。华大妈候他喘气平静，才轻轻的给他盖上了满幅补丁的夹被[15]。

三

店里坐着许多人，老栓也忙了，提着大铜壶，一趟一趟的给客人冲茶；两个眼眶，都围着一圈黑线。

"老栓，你有些不舒服么？——你生病么？"一个花白胡子的人说。

"没有。"

"没有？——我想笑嘻嘻的，原也不像……"花白胡子便取消了自己的话。

"老栓只是忙。要是他的儿子……"驼背五少爷话还未完，突然闯进了一个满脸横肉的人，披一件玄色[16]布衫[17]，散着纽扣，用很宽的玄色腰带，胡乱捆在腰间。刚进门，便对老栓嚷道：

"吃了么？好了么？老栓，就是运气了你！你运气，要不是我信息灵……"

老栓一手提了茶壶，一手恭恭敬敬的垂着，笑嘻嘻的听。满座的人，也都恭恭敬敬的听。华大妈也黑着眼眶，笑嘻嘻的送出茶碗茶叶来，加上一个橄榄[18]，老栓便去冲了水。

"这是包好！这是与众不同的。你想，趁热的拿来，趁热吃下。"横肉的人只是嚷。

"真的呢，要没有康大叔照顾，怎么会这样……"华大妈也很感激的谢他。

"包好，包好！这样的趁热吃下。这样的人血馒头，什么痨病[19]都包好！"

华大妈听到"痨病"这两个字，变了一点脸色，似乎有些不高兴；但又立刻堆上笑，搭赸[20]着走开了。这康大叔却没有觉察，仍然提高了喉咙只是嚷，嚷得里面睡着的小栓也合伙咳嗽起来。

"原来你家小栓碰到了这样的好运气了。这病自然一定全好；怪不得老栓整天的笑着呢。"花白胡子一面说，一面走到康大叔面前，低声下气的问道，"康大叔——听说今天结果的一个犯人，便是夏家的孩子，那是谁的孩子？究竟是什么事？"

"谁的？不就是夏四奶奶的儿子么？那个小家伙！"康大叔见众人都耸起耳朵听他，便格外高兴，横肉块块饱绽，越发大声说，"这小东西不要命，不要就是了。我可是这一回一点没有得到好处；连剥下来的衣服，都给管牢的红眼睛阿义拿去了。——第一要算我们栓叔运气；第二是夏三爷赏了二十五两雪白的银子，独自落腰包，一文不花。"

小栓慢慢的从小屋子里走出，两手按了胸口，不住的咳嗽；走到灶下，盛出一碗冷饭，泡上热水，坐下便吃。华大妈跟着他走，轻轻的问道，"小栓你好些么？——你仍旧只是肚饿？……"

"包好，包好！"康大叔瞥了小栓一眼，仍然回过脸，对众人说，"夏三爷真是乖角儿[21]，要是他不先告官，连他满门抄斩[22]。现在怎样？银子！——这小东西也真不成东西！关在牢里，还要劝牢头[23]造反。"

"啊呀，那还了得。"坐在后排的一个二十多岁的人，很现出气愤模样。

"你要晓得红眼睛阿义是去盘盘底细的，他却和他攀谈了。他说，这大清的天下是我们大家的。你想：这是人话么？红眼睛原知道他家里只有一个老娘，可是没有料到他竟会那么穷，榨不出一点油水，已经气破肚皮了。他还要老虎头上搔痒，便给他两个嘴巴！"

"义哥是一手好拳棒，这两下，一定够他受用了。"壁角的驼背忽然高兴起来。

"他这贱骨头打不怕，还要说可怜可怜哩。"

花白胡子的人说："打了这种东西，有什么可怜呢？"

康大叔显出看他不上的样子，冷笑着说："你没有听清我的话；看他神气，是说阿义可怜哩！"

听着的人的眼光，忽然有些板滞[24]；话也停顿了。小栓已经吃完饭，吃得满身流汗，头上都冒出蒸气来。

"阿义可怜——疯话，简直是发了疯了。"花白胡子恍然大悟[25]似的说。

"发了疯了。"二十多岁的人也恍然大悟的说。

店里的坐客，便又现出活气，谈笑起来。小栓也趁着热闹，拼命咳嗽；康大叔走上前，拍他肩膀说：

"包好！小栓——你不要这么咳。包好！"

"疯了。"驼背五少爷点着头说。

四

西关外靠着城根的地面，本是一块官地；中间歪歪斜斜一条细路，是贪走便道的人，用鞋底造成的，但却成了自然的界限。路的左边，都埋着死刑和瘐毙[26]的人，右边是穷人的丛冢[27]。两面都已埋到层层叠叠，宛然阔人家里祝寿时候的馒头。

这一年的清明，分外寒冷；杨柳才吐出半粒米大的新芽。天明未久，华大妈已在右边的一坐[28]新坟前面，排出四碟菜，一碗饭，哭了一场。化过纸[29]，呆呆的坐在地上；仿佛等候什么似的，但自己也说不出等候什么。微风起来，吹动他[30]短发，确乎比去年白得多了。

小路上又来了一个女人，也是半白头发，褴褛[31]的衣裙；提一个破旧的朱漆圆篮，外挂一串纸锭[32]，三步一歇的走。忽然见华大妈坐在地上看他，便有些踌躇[33]，惨白的脸上，现出些羞愧的颜色；但终于硬着头皮，走到左边的一坐坟前，放下了篮子。

那坟与小栓的坟，一字儿排着，中间只隔一条小路。华大妈看他排好四碟菜，一碗饭，立着哭了一通，化过纸锭；心里暗暗地想，"这坟里的也是儿子了。"那老女人徘徊观望了一回，忽然手脚有些发抖，跄跄踉踉[34]退下几步，瞪着眼只是发怔[35]。

华大妈见这样子，生怕他伤心到快要发狂了；便忍不住立起身，跨过小路，低声对他说，"你这位老奶奶不要伤心了，——我们还是回去罢。"

那人点一点头，眼睛仍然向上瞪着；也低声吃吃的说道，"你看，——看这是什么呢？"

华大妈跟了他指头看去，眼光便到了前面的坟，这坟上草根还没有全合，露出一块一块的黄土，煞是难看。再往上仔细看时，却不觉也吃一惊；——分明有一圈红白的花，围着那尖圆的坟顶[36]。

他们的眼睛都已老花多年了，但望这红白的花，却还能明白看见。花也不很多，圆圆的排成一个圈，不很精神，倒也整齐。华大妈忙看他儿子和别人的坟，却只有不怕冷的几点青白小花，零星开着；便觉得心里忽然感到一种不足和空虚，不愿意根究。那老女人又走近几步，细看了一遍，自言自语的说，"这没有根，不像自己开的。——这地方有谁来呢？孩子不会来玩；——亲戚本家早不来了。——这是怎么一回事呢？"他想了又想，忽又流下泪来，大声说道：

"瑜儿，他们都冤枉了你，你还是忘不了，伤心不过，今天特意显点灵，要我知道么？"他四面一看，只见一只乌鸦，站在一株没有叶的树上，便接着说，"我知道了。——瑜儿，可怜他们坑了你，他们将来总有报应，天都知道；你闭了眼睛就是了。——你如果真在这里，听到我的话，——便教这乌鸦飞上你的坟顶，给我看罢。"

微风早经停息了；枯草支支直立，有如铜丝。一丝发抖的声音，在空气中愈颤愈细，细到没有，周围便都是死一般静。两人站在枯草丛里，仰面看那乌鸦；那乌鸦也在笔直的树枝间，缩着头，铁铸一般站着。

许多的工夫过去了；上坟的人渐渐增多，几个老的小的，在土坟间出没。

华大妈不知怎的，似乎卸下了一挑重担，便想到要走；一面劝着说，"我们还是回去罢。"

那老女人叹一口气，无精打采的收起饭菜；又迟疑了一刻，终于慢慢地走了。嘴里自言自语的说，"这是怎么一回事呢？……"

他们走不上二三十步远，忽听得背后"哑——"的一声大叫；两个人都竦然[37]的回过头，只见那乌鸦张开两翅，一挫身[38]，直向着远处的天空，箭也似的飞去了。

一九一九年四月。

课文注释

1. 选自《呐喊》（《鲁迅全集》，第 1 卷，人民文学出版社，1981 年）。

2. 鲁迅：浙江绍兴人，字豫才，原名周樟寿，后改名为周树人，以笔名鲁迅闻名于世。伟大的无产阶级文学家、思想家、革命家。作品包括杂文、短篇小说、诗歌、评论、散文、翻译作品，对"五四运动"以后的中国文学产生了深刻而广泛的影响，是中国文化革命的主将。

3. 窸窸（xī xī）窣窣（sū sū）：拟声词，形容轻微的拆裂或摩擦声。这里形容穿衣服的声音。

4. 神通：原是佛教用语，梵文的音译，亦译作"神通力"、"神力"，指无所不能的力量，泛指神奇高超的本领。

5. 蹩（bié）进：躲躲闪闪地走进。

6. 攫（jué）取：抓取、拿取或掠夺。

7. 衣服前后的一个大白圆圈：清代士兵穿的号衣（制服），前后都缀着一块圆形的白布，上面有个"兵"字或"勇"字。

8. 号衣：指清朝士兵的军衣，前后胸都缀有一块圆形白布，上有"兵"或"勇"字样。

9. 鲜红的馒头：指蘸有人血的馒头。旧时民间迷信，认为人血可以医治肺结核病，因此处决犯人时，有人向刽子手买蘸过人血的馒头，刽子手便借此骗取钱财。

10. 十世单传：接连十代都是独子。

11. 古□亭口：可读作"古某亭口"。□，是文章里表示缺文的记号，作者是有意这样写的。浙江省绍兴县城内的轩亭口有一牌楼，匾上题有"古轩亭口"四个字。清末资产阶级民主主义革命家秋瑾于 1907 年在这里就义。一般认为，作者以秋瑾和其他一些资产阶级民主主义革命家的若干经历为素材，塑造出"夏瑜"这一人物形象。

12. 阳文：刻在器物上的文字，笔画凸起的叫阳文，笔画凹下的叫阴文。

13. 炒米粥：用炒过的大米煮成的粥。

14. 拗（ǎo）开：用手掰开。拗，用手折断。

15. 夹被：没有被胎，只有表里的被子，指双层的被子。

16. 玄色：黑色。

17. 布衫：布制的单衣。

18. 橄榄：果树名，亦以称其果实。常绿乔木，羽状复叶，小叶长椭圆形，花白色，果实呈椭圆形，又名青果两端稍尖，绿色，可食，味略苦涩而芳香，亦可入药。

19. 痨（láo）病：结核病的俗称，是结核杆菌侵入体内引起感染的一种慢性和缓发的传染病。旧时又称损病，在当时被认为是一种不治之病。

20. 搭赸（shàn）：同"搭讪"，为了跟人接近或把尴尬的局面敷衍过去而找话说。这里是后一种意思。

21. 乖角儿：机灵人。这里指善于看风使舵的人。

22. 满门抄斩：抄没财产，杀戮全家。

23. 牢头：相当于现在的狱警。

24. 板滞：呆板，停止不动。

25. 恍然大悟：形容忽然醒悟，一下子明白过来。恍然，猛然清醒的样子；悟，心里明白。

26. 瘐（yǔ）毙：旧时关在牢狱里的人因受刑或饥寒、疾病而死亡。

27. 丛冢（zhǒng）：乱坟堆。冢，坟墓。

28. 坐：现为"座"。下同。

29. 化过纸：烧过纸钱。旧时有迷信观念的人认为烧过的纸钱，死者可以在阴间使用。

30. 他：指华大妈。鲁迅这篇小说里，第三人称代词，不分男女，一律写作"他"。

31. 褴（lán）褛（lǚ）：指衣服破烂，不堪入目。

32. 纸锭：用纸或锡箔折成的"元宝"，纸钱的一种。

33. 踌（chóu）躇（chú）：犹豫不决，拿不定主意。

34. 踉踉（qiàng）跄跄（liàng）：走路不稳，走路歪歪斜斜的样子。

35. 发怔（zhèng）：发呆。

36. 分明有一圈红白的花，围着那尖圆的坟顶：鲁迅在《呐喊》自序中说："我往往不恤用曲笔，在《药》的瑜儿的坟上平添一个花环……因为那时的主将是不主张消极的。"他用这个花环，表现出革命者对烈士的怀念，使作品显出一些乐观的"亮色"。

37. 竦（sǒng）然：惊惧的样子。竦，同"悚"。

38. 一挫身：身子一收缩。

课后练习

一、按课文顺序，说说在华老栓家发生了怎样的故事？故事里没直接露面的夏瑜有着怎样的经历？

二、研读第一部分和第三部分，完成下列各题。

1. 画出第三部分中有关夏瑜的文字，说说他是个怎样的人。

2. 从康大叔递人血馒头的动作描写和他在茶馆中的语言描写，能看出他是哪一类人的代表？

3. 华老栓夫妇善良、胆小、逆来顺受，同时也愚昧、麻木。请从课文中找出具体例子加以说明。

4. 文中的茶客们有长有少，有的健康有的残疾，你能揣摩出作者如此安排的良苦用心吗？作者刻画这几个人，揭示出他们怎样的精神状态？

三、说说下列环境景物描写在文中的作用。

1. 秋天的后半夜，月亮下去了，太阳还没有出，只剩下一片乌蓝的天；除了夜游的东西，什么都睡着。

2. 太阳也出来了；在他面前，显出一条大道，直到他家中，后面也照见丁字街头破匾上"古□亭口"这四个黯淡的金字。

3. 西关外靠着城根的地面，本是一块官地；中间歪歪斜斜一条细路，是贪走便道的人，用鞋底造成的，但却成了自然的界限。路的左边，都埋着死刑和瘐毙的人，右边是穷人的丛冢。两面都已埋到层层叠叠，宛然阔人家里祝寿时候的馒头。

4. 微风早经停息了；枯草支支直立，有如铜丝。一丝发抖的声音，在空气中愈颤愈细，细到没有，周围便都是死一般静。

四、讨论下列问题。

1. 文章第一部分其实把夏瑜被害的全过程交代得很清楚，可读来却觉得模糊不明。这是为什么？

2. 夏四奶奶给儿子上坟时，见华大妈坐在地上看她，便有些"踌躇""羞愧"，最终是"硬着头皮，走到左边的一坐坟前"。这又是为什么？

第五单元　诗　歌

十七、再别康桥

徐志摩

阅读提示

康桥，即英国著名的剑桥大学所在地。1920 年 10 月—1922 年 8 月，诗人曾游学于此。诗人在《猛虎集·序文》中曾经自陈道：正是康河的水，开启了诗人的心灵，唤醒了久蛰在他心中的诗人的天命。因此他后来曾满怀深情地说："我的眼是康桥教我睁的，我的求知欲是康桥给我拨动的，我的自我意识是康桥给我胚胎的。"1928 年诗人故地重游。11 月 6 日在归途的中国南海上，他吟成了这首传世之作。

陈伟农说："《再别康桥》一个不可缺少的魅力在于它的音乐美！"

霍秀全说："《再别康桥》就是徐志摩一生追求'爱，自由，美'的理想的具体反映。诗中理想主义的情感表白是分为两个层次的，一是对往昔剑桥留学生活的回忆，二是对当年爱情挫折的追述。"

轻轻的我走了，
正如我轻轻的来；
我轻轻的招手，
作别西天的云彩。

那河畔的金柳，
是夕阳中的新娘；
波光里的艳影，
在我的心头荡漾。

软泥上的青荇[1]，
油油的在水底招摇[2]；
在康河的柔波里，
我甘心做一条水草！

那榆荫下的一潭，
不是清泉，是天上虹；
揉碎在浮藻间，
沉淀着彩虹似的梦。

寻梦？撑一支长篙[3]，
向青草更青处漫溯[4]；
满载一船星辉，
在星辉斑斓里放歌。

但我不能放歌，
悄悄是别离的笙箫；
夏虫也为我沉默，
沉默是今晚的康桥！

悄悄的我走了，
正如我悄悄的来；
我挥一挥衣袖，
不带走一片云彩。

课文注释

1. 青荇（xìng）：多年生草本植物，叶子略呈圆形，浮在水面，根生在水底，花黄色。

2. 招摇：这里有"逍遥"之意。

3. 篙（gāo）：用竹竿或杉木等制成的撑船工具。

4. 溯（sù）：逆着水流的方向走。

课后练习

一、诗人到康桥去"寻梦"，那"夕阳中的新娘"、"彩虹似的梦"以及"一船星辉"，与他的"梦"有什么联系？它们寄寓了诗人怎样的情感？

二、诗人闻一多 20 世纪 20 年代曾提倡现代诗歌的"音乐的美"、"绘画的美"、"建筑的美"，《再别康桥》一诗，可以说是"三美"俱备，堪称徐志摩诗作中的绝唱。这"三美"在诗歌中是怎样体现的？

三、第一节里面，诗人写到"作别西天的云彩"，最后一节却说"不带走一片云彩"，云彩本就是不能带走的，为什么徐志摩还要说不带走呢？

四、朗读并背诵这首诗。

十八、致橡树

舒 婷

阅读提示

女诗人舒婷，原名龚佩瑜，是与北岛、顾城一起并立诗坛朦胧诗的三巨头之一。她的诗，不局限于朦胧，保持了超然的鲜明的个性，因此在文学的天空里涂抹出了一道绚丽夺目的轨迹。主要著作有诗集《双桅船》、《会唱歌的鸢尾花》、《始祖鸟》，散文集《心烟》等。

《致橡树》是完全没有朦胧意味的爱情诗，诗人运用缜密流畅的思维逻辑，表达了明丽隽美的意象，在中国新诗八十年的发展史上，也许再没有其他任何一首爱情诗比它更优秀。更难能可贵的是它创作于一九七七年三月，是文化大革命后最早的爱情诗。

我如果爱你——
绝不像攀援的凌霄花[1]，
借你的高枝炫耀自己；
我如果爱你——
绝不学痴情的鸟儿，
为绿荫重复单纯的歌曲；
也不止像泉源，
常年送来清凉的慰藉[2]；
也不止像险峰，
增加你的高度，衬托你的威仪。
甚至日光，
甚至春雨。

不，这些都还不够！

我必须是你近旁的一株木棉，

作为树的形象和你站在一起。

根，紧握在地下；

叶，相触在云里。

每一阵风过，

我们都互相致意，

但没有人，

听懂我们的言语。

你有你的铜枝铁干，

像刀，像剑，

也像戟；

我有我红硕的花朵，

像沉重的叹息，

又像英勇的火炬。

我们分担寒潮、风雷、霹雳；

我们共享雾霭、流岚[3]、虹霓。

仿佛永远分离，

却又终生相依。

这才是伟大的爱情，

坚贞就在这里：

爱——

不仅爱你伟岸的身躯，

也爱你坚持的位置、脚下的土地！

课文注释

1. 凌霄花：借气生根攀援它物向上生长，羽状复叶，小叶卵形，边缘有锯齿，花鲜红色，花冠漏斗形。

2. 慰藉：安慰、抚慰。

3. 流岚：山间流动的雾气。

课后练习：

一、橡树和木棉树有何含义？这首诗表达了怎样的爱情观？

二、这首诗讲究节奏和韵律，读起来琅琅上口，有音乐性。试结合有关诗句做一点具体分析。

三、你喜欢这首诗的那些诗句？为什么？

十九、炉中煤——眷恋祖国的情绪

郭沫若

阅读提示

本诗选自诗集《女神》。诗人郭沫若（1892—1978），原名郭开贞，四川乐山人。1914 年赴日本学医，回国后从事文艺运动。1918 年开始新诗创作。1921 年与郁达夫等组织创造社，并出版了第一部诗集《女神》，对中国的新诗创作产生了很大的影响，成为新文学的奠基者之一。

这首诗作于 1920 年 1、2 月间，当时诗人正在日本求学，但他时刻关注着祖国发生的一切。五四运动燃起了诗人胸中的革命激情，郭沫若后来说："'五四'以后的中国，在我心目中就像一位聪俊的有进取气象的姑娘，她简直就和我的爱人一样。'眷恋祖国的情绪'的《炉中煤》便是我对她的恋歌"（《郭沫若文集》第七卷《创造十年》）。

一

啊，我年轻的女郎！
我不辜负你的殷勤，
你也不要辜负了我的思量。
我为我心爱的人儿
燃到了这般模样！

二

啊，我年轻的女郎！
你该知道了我的前身？
你该不嫌我黑奴卤莽？
要我这黑奴的胸中，
才有火一样的心肠。

三

啊，我年轻的女郎！

我想我的前身
原本是有用的栋梁，
我活埋在地底多年，
到今朝才得重见天光。

　　　四

啊，我年轻的女郎！
我自从重见天光，
我常常思念我的故乡，
我为我心爱的人儿
燃到了这般模样！

（选自 1920 年 2 月 3 日《实事新报·学灯》）

课后练习：

一、诗歌第一节中"殷勤"、"思量"的含义是什么？

二、"炉中煤"和"年轻的女郎"这一对比喻的本体是什么？你如何理解其意蕴？

三、"炉中煤"的"前身""过去""今朝"各是怎样的？其深层含义是什么？

四、背诵这首诗。

二十、哦，船长，我的船长

［美国］ 惠特曼

阅读提示

本诗写于 1865 年，是美国诗人惠特曼为悼念林肯而写下的著名诗篇。

沃尔特·惠特曼（1819—1892）美国诗人，自称是美国的"吟游诗人"。他用几十年的时间吸收人民的意志和热情，将之熔铸为一部自由奔放丰富庞杂的诗集《草叶集》，成为美国现代诗和现代文学的开山鼻祖。

林肯是美国第 16 任总统，在任期内，他为维护国家统一、摧毁蓄奴制而领导了南北战争，解放了黑人奴隶。就在美国人民欢庆胜利的时刻，反动势力雇佣的刺客杀害了他。惠特曼为此极度悲痛，写下了很多诗纪念这位伟大的英雄，这首诗是最著名的一首。

哦，船长，我的船长！我们险恶的航程已经告终，

我们的船安渡过惊涛骇浪，我们寻求的奖赏已赢得手中。

港口已经不远，钟声我已听见，万千人众在欢呼呐喊，

目迎着我们的船从容返航，我们的船威严而且勇敢。

可是，心啊！心啊！心啊！

哦，殷红的血滴流泻，

在甲板上，那里躺着我的船长，

他已倒下，已死去，已冷却。

哦，船长，我的船长！起来吧，请听听这钟声，

起来，——旌旗，为你招展——号角，为你长鸣。

为你，岸上挤满了人群——为你，无数花束、彩带、花环。

为你熙攘的群众在呼唤，转动着多少殷切的脸。

这里，船长！亲爱的父亲！

你头颅下边是我的手臂！

这是甲板上的一场梦啊，

你已倒下，已死去，已冷却。

我们的船长不作回答，他的双唇惨白、寂静，

我的父亲不能感觉我的手臂，他已没有脉搏、没有生命，

我们的船已安全抛锚停泊，航行已完成，已告终，

胜利的船从险恶的旅途归来，我们寻求的已赢得手中。

欢呼，哦，海岸！轰鸣，哦，洪钟！

可是，我却轻移悲伤的步履，

在甲板上，那里躺着我的船长，

他已倒下，已死去，已冷却。

课后练习

一、诗中"船"、"船长"、"航程"分别象征什么？

二、整首诗人称称谓的变化在表达上的作用是什么？

三、诗歌在每节的开头和结尾重复用"哦，船长，我的船长"和"已倒下，已死去，已冷却"的句子，这样写有什么好处？

第六单元　古诗文

二十一、孔雀东南飞

汉乐府

阅读提示

《孔雀东南飞》是我国古代文学史上最早的一首长篇叙事诗，也是最优秀的民间叙事诗之一。原名为《古诗为焦仲卿妻作》，最早见于徐陵所编《玉台新咏》，是以真人真事为基础创作的。全诗357句，共1785个字，沈归愚称为"古今第一首长诗"，与《木兰辞》并称"乐府双璧"，"乐府双璧"再加上唐代韦庄的《秦妇吟》又被并称为"乐府三绝"。

这首诗故事完整，语言朴素，人物性格鲜明突出，结构紧凑完整，结尾运用了浪漫主义手法，是汉乐府民歌的杰作。自"五四"以来，被改编成各种剧本，搬上舞台。

《孔雀东南飞》通过刘兰芝与焦仲卿这对恩爱夫妇的爱情悲剧，控诉了封建礼教、家长统治和门阀观念的罪恶，表达了青年男女要求婚姻爱情自主的合理愿望。女主人公刘兰芝对爱情忠贞不二，对封建势力和封建礼教所做的不妥协的斗争，使她成为文学史上富有叛逆色彩的妇女形象，为后来的青年男女所传颂。

序曰：汉末建安中，庐江府小吏焦仲卿妻刘氏，为仲卿母所遣，自誓不嫁。其家逼之，乃投水而死。仲卿闻之，亦自缢于庭树。时人伤之，为诗云尔。

孔雀东南飞，五里一徘徊。

"十三能织素，十四学裁衣，十五弹箜篌，十六诵诗书。十七为君妇，心中常苦悲。君既为府吏，守节情不移。贱妾留空房，相见常日稀。鸡鸣入机织，夜夜不得息。三日断五匹，大人故嫌迟。非为织作迟，君家妇难为！妾不堪[1]驱使，徒留无所施[2]。便可白[3]公姥[4]，及时相遣归[5]。"

府吏得闻之，堂上启[6]阿母："儿已薄禄相[7]，幸复得此妇，结发[8]同枕席，黄泉共为友。共事[9]二三年，始尔未为久。女[10]行无偏斜[11]，何意致不厚？"

阿母谓府吏："何乃太区区[12]！此妇无礼节，举动自专由。吾意久怀忿，汝岂得自由[13]！东家有贤女，自名秦罗敷，可怜[14]体无比，阿母为汝求。便可速遣之，遣去慎[15]莫留！"

府吏长跪[16]告："伏惟[17]启阿母，今若遣此妇，终老不复取[18]！"

阿母得闻之，槌[19]床便大怒："小子无所畏，何敢助妇语！吾已失恩义，会[20]不相从许！"

府吏默无声，再拜还入户。举言谓新妇，哽咽[21]不能语："我自不驱卿[22]，逼迫有阿母。卿但暂还家，吾今且报[23]府。不久当归还，还必相迎取。以此下心意[24]，慎勿违吾语。"

新妇谓府吏："勿复重纷纭[25]。往昔初阳岁[26]，谢家来贵门。奉事循公姥，进止敢自专？昼夜勤作息，伶俜萦苦辛。谓言无罪过，供养卒大恩；仍更被驱遣[27]，何言复来还[28]！妾有绣腰襦[29]，葳蕤[30]自生光；红罗复斗帐[31]，四角垂香囊；箱帘[32]六七十，绿碧青丝绳，物物各自异，种种在其中。人贱物亦鄙，不足迎后人，留待作遗施[33]，于今无会因。时时为安慰，久久莫相忘！"

鸡鸣外欲曙，新妇起严妆[34]。著我绣夹裙，事事四五通[35]。足下蹑[36]丝履，头上玳瑁光。腰若流纨素[37]，耳著明月珰[38]。指如削葱根，口如含朱丹。纤纤作细步，精妙世无双。

上堂拜阿母，阿母怒不止。"昔作女儿时，生小出野里。本自无教训，兼愧贵家子[39]。受母钱帛多，不堪母驱使。今日还家去，念[40]母劳家里。"却[41]与小姑别，泪落连珠子。"新妇初来时，小姑始扶床；今日被驱遣，小姑如我长[42]。勤心养公姥[43]，好自相扶将。初七及下九，嬉戏[44]莫相忘。"出门登车去，涕落百余行。

府吏马在前，新妇车在后。隐隐[45]何甸甸，俱会大道口。下马入车中，低头共耳语："誓不相隔[46]卿，且暂还家去；吾今且赴府，不久当还归。誓天[47]不相负！"

新妇谓府吏："感君区区怀！君既若见录[48]，不久望君来。君当作磐石[49]，妾当作蒲苇，蒲苇纫[50]如丝，磐石无转移。我有亲父兄[51]，性行暴如雷，恐不任我意，逆以煎我怀[52]。"举手长劳劳[53]，二情同依依。

入门上家堂[54]，进退无颜仪[55]。阿母大拊掌[56]，"不图[57]子自归！十三教汝织，十四能裁衣，十五弹箜篌，十六知礼仪，十七遣汝嫁，谓言无誓违[58]。汝今何罪过，不迎而自归？"兰芝惭阿母[59]："儿实无罪过。"阿母大悲摧[60]。

还家十余日，县令遣媒来。云有第三郎[61]，窈窕[62]世无双。年始十八九，便言[63]多令才。

阿母谓阿女："汝可去应之。"

阿女含泪答："兰芝初还时，府吏见丁宁[64]，结誓不别离。今日违情义，恐此事非奇[65]。自可断[66]来信[67]，徐徐更谓之[68]。"

阿母白[69]媒人："贫贱[70]有此女，始适[71]还家门。不堪[72]吏人妇，岂合[73]令郎君？幸[74]可广问讯[75]，不得便相许。"

媒人去数日，寻[76]遣丞请还，说有兰家女，丞籍[77]有宦官。云有第五郎[78]，娇逸[79]未有婚。遣丞为媒人，主簿通语言。直说太守家，有此令郎君，既欲结大义[80]，故遣来贵门。

阿母谢媒人："女子先有誓，老姥[81]岂敢言！"

阿兄得闻之，怅然心中烦。举言谓阿妹："作计[82]何不量[83]！先嫁得府吏，后嫁得郎君，否泰[84]如天地，足以荣汝身。不嫁义郎体[85]，其往欲何云？"

兰芝仰头答："理实如兄言。谢家事夫婿，中道还兄门。处分[86]适[87]兄意，那得自任专！虽与府吏要[88]，渠会永无缘。登即[89]相许和[90]，便可作婚姻。"

媒人下床去，诺诺复尔尔[91]。还部白府君："下官奉使命，言谈大有缘。"府君得闻之，心中大欢喜。视历复开书，便利[92]此月内，六合正相应。良吉三十日，今已二十七，卿可去成婚。交语速装束，络绎如浮云。青雀白鹄舫，四角龙子幡。婀娜随风转，金车玉作轮。踯躅[93]青骢马，流苏金镂鞍。赍钱[94]三百万，皆用青丝穿。杂彩三百匹，交广市[95]鲑珍。从人四五百，郁郁[96]登郡门[97]。

阿母谓阿女："适得府君书，明日来迎汝。何不作衣裳？莫令事不举[98]！"

阿女默无声，手巾掩口啼，泪落便如泻。移我琉璃榻，出置前窗下。左手持刀尺，右手执绫罗。朝成绣夹裙，晚成单罗衫。晻晻[99]日欲暝[100]，愁思出门啼。

府吏闻此变，因求假暂归。未至二三里，摧藏马悲哀[101]。新妇识马声，蹑履[102]相逢[103]迎。怅然遥相望，知是故人来。举手拍马鞍，嗟叹[104]使心伤："自君别我后，人事不可量。果不如先愿，又非君所详。我有亲父母，逼迫兼弟兄。以我应他人，君还何所望！"

府吏谓新妇："贺卿得高迁！磐石方且厚，可以卒千年；蒲苇一时纫，便作旦夕间。卿当日胜贵[105]，吾独向黄泉！"

新妇谓府吏："何意出此言！同是被逼迫，君尔妾亦然。黄泉下相见，勿违今日言！"执手分道去，各各还家门。生人作死别，恨恨那可论？念[106]与世间辞，千万不复全[107]！

府吏还家去，上堂拜阿母："今日大风寒，寒风摧[108]树木，严霜结[109]庭兰。儿今日冥冥[110]，令母在后单。故[111]作不良计[112]，勿复怨鬼神！命[113]如南山石，四体康且直！"

阿母得闻之，零泪应声落："汝是大家子，仕宦于台阁。慎勿为妇死，贵贱情何薄！东家有贤女，窈窕艳城郭[114]，阿母为汝求，便复在旦夕[115]。"

府吏再拜还，长叹空房中，作计[116]乃尔立[117]。转头向户里，渐见愁煎迫。

其日牛马嘶，新妇入青庐[118]。奄奄[119]黄昏后，寂寂人定初[120]。"我命绝今日，魂去尸长留！"揽裙脱丝履，举身赴清池。

府吏闻此事，心知长别离。徘徊庭树下，自挂[121]东南枝。

两家求合葬，合葬华山傍。东西植松柏，左右种梧桐。枝枝相覆盖，叶叶相交通[122]。中有双飞鸟，自名为鸳鸯。仰头相向鸣，夜夜达五更。行人驻足听，寡妇起彷徨。多谢[123]后世人，戒之慎勿忘！

课文注释

1. 不堪：忍受不了。

2. 施：用。

3. 白：禀告。

4. 公姥：公婆。

5. 相遣归：休弃回母家。相，代"我"。

6. 启：告诉、禀告。

7. 薄禄相：少福相。相，另一解为官职名。

8. 结发：古时候人到了一定的年龄，才把头发结起来，算是到了成年，可以结婚了。

9. 共事：这里是共同生活的意思。

10. 女：指兰芝。

11. 偏斜：指行为不端正。

12. 区区：憨愚，没见识的意思。

13. 自由：由自己作主，不受限制和束缚。

14. 可怜：可爱。

15. 慎：千万。

16. 长跪：上身伸直而跪，表示恭敬。

17. 伏惟：念及，想到。

18. 取：通"娶"。

19. 槌：通"捶"。

20. 会：当，必，副词。

21. 哽咽：悲伤过度而气塞不能发声。

22. 卿：对同辈或下属的爱称。

23. 报：通"赴"。

24. 下心意：即下意，屈意相从。

25. 纷纭：引申为多话、多事。

26. 初阳岁：初春阳和，故称初阳。

27. 被驱遣：被赶走。

28. 来还：回来。

29. 绣腰襦：绣花短袄。

30. 葳蕤（wēi ruí）：形容花纹艳丽。

31. 复斗帐：夹层斗帐。斗帐形状似覆半，复斗帐外用熟锦，内衬白缣里子，夹层中絮上丝绵，可以防寒。

32. 箱帘：即箱奁。帘，借作"奁"，小箱子。

33. 遗施：馈送，也指馈送施舍的钱物。

34. 严妆：整妆，梳妆打扮。

35. 通：遍，量词。

36. 蹑：踏（穿袜）。

37. 纨素：洁白精致的细绢。

38. 珰：古代妇女的耳饰。

39. 贵家子：指仲卿。

40. 念：惦念。

41. 却：还，上堂回来。

42. 长：长高。

43. 公姥：老人家，指婆婆，偏义。

44. 嬉戏：游戏、玩乐。

45. 隐隐、甸甸：皆形容车声。

46. 隔：隔绝。

47. 誓天：对天发誓。

48. 见录：将我铭记。录，记。

49. 磐石：厚而大的石头。喻其坚定。

50. 纫：通"韧"，柔软而坚固。

51. 亲父兄：同胞兄长。这里指兄，偏义。

52. 煎我怀：我的心中就像油煎一样。

53. 劳劳：忧伤。

54. 家堂：母家的厅堂。

55. 颜仪：脸面。

56. 大拊掌：大拍巴掌，这里是惊诧的表示。

57. 不图：不料。

58. 誓违：即违誓。誓指出嫁时对母亲的保证。

59. 惭阿母：愧对母亲。

60. 悲摧：悲伤。

61. 第三郎：指县令的第三个儿子。

62. 窈窕（yǎo tiǎo）：娴静、美好的容貌。

63. 便言：能言善辩。

64. 见丁宁：叮咛过我。见，被府吏叮咛之意。丁宁，即叮咛。

65. 非奇：不大合适。按，据《说文》，"奇"字从大从可，是会意字，这里即从大、可会意。非奇，即不大可、不大合适的意思。

66. 断：回绝。

67. 来信：来使，指媒人。

68. 徐徐更谓之：这句说慢慢再说吧！更，再；谓，说。

69. 白：敬告。

70. 贫贱：指贫贱之家。

71. 始适：刚出嫁。

72. 堪：胜任。

73. 合：匹配。

74. 幸：希望。

75. 问讯：打听。

76. 寻：不久。

77. 承籍：承继先人的名籍。

78. 第五郎：太守的第五个公子。

79. 娇逸：美貌超群。逸，通"轶"，超越。

80. 大义：指结为婚姻。

81. 老姥：老妇人，刘母自称的谦词。

82. 作计：作打算。

83. 不量：不加考虑。

84. 否泰：好坏。否、泰本为《周易》中的两个卦名，后来就以否代表厄运或逆境，以泰代表好运或顺境。

85. 体：指人品。

86. 处分：处置。

87. 适：顺从。

88. 要：相约。

89. 登即：立即。

90. 相许和：答应。和，应。相，代它，指亲事。

91. 诺诺、尔尔：都是表示连声答应，相当于"好，好；是，是"。

92. 利：吉利，指吉日。

93. 踯躅（zhí zhú）：马原地踏步不前。

94. 赍（jī）钱：付钱，指付聘礼。上文兰芝云"受母钱帛多"，即指此。

95. 市：购买。

96. 郁郁：盛多。

97. 郡门：府门。

98. 举：办。

99. 奄奄（àn）：日落无光的样子。

100. 暝（míng）：昏暗。

101. 摧藏：内心伤痛。马悲哀，马因悲伤而哀鸣。

102. 蹑履：见前"蹑丝履"注。此处为轻快之意，放轻脚步走出来。"履"这里指脚。

103. 相逢：迎接。逢与"迎"同义。与现在义不同，现在常指说话做事故意迎合别人的心意，贬义。相，代他。

104. 嗟叹（jiē tàn）：叹息。

105. 日胜贵：一天比一天显贵。胜，有名望。

106. 念：考虑。

107. 全：保全。

108. 摧：折断。

109. 结：凝结。

110. 日冥冥：指自己已是日落西山，即将离开人世。

111. 故：故意。

112. 不良计：不好的打算。

113. 命：寿命，指焦母。

114. 艳城郭：全城最艳丽的。

115. 旦夕：指早晚间就去提亲。

116. 作计：指自杀的打算。

117. 尔立：就这样决定。尔，这样。立，定。

118. 青庐：古代习俗，迎亲时婆家在大门内外用青布幔搭起来帐棚，称为青庐，在此交拜成亲。

119. 奄奄：与"晻晻"同，暮色昏暗。

120. 人定初：人们开始安静下来，指夜晚。

121. 自挂：自缢。

122. 相交通：连接。相，互相。

123. 多谢：叮嘱。

课后练习

一、兰芝离开焦家时，诗中特意写她晨起严妆，其作用是什么？

二、比较兰芝与婆婆、小姑离别时的言行，试做简要分析。

三、刘兰芝的美是通过哪些方面来表现的？除了正面描写，还有哪些属于侧面描写？这些描写有什么作用？

四、分析焦仲卿的人物形象与人物性格。

五、像兰芝这样一个为人称道的好妻子，却遭到了婆家的遣归，仲卿母是什么身份？她为什么能遣归成功？

二十二、归园田居

陶渊明

阅读提示

陶渊明（352 或 365—427 年），字元亮，又名潜，私谥"靖节"，世称"靖节先生"。浔阳柴桑人。东晋末至南朝宋初期伟大的诗人、辞赋家。曾任江州祭酒、建威参军、镇军参军、彭泽县令等职，最末一次出仕为彭泽县令，八十多天便弃职而去，从此归隐田园。他是我国第一位田园诗人，被称为"古今隐逸诗人之宗"，著有《陶渊明集》。

晋义熙二年，亦即渊明辞去彭泽令后的次年，诗人写下了《归园田居》五首著名诗篇。这是诗人辞旧我的别词，迎新我的颂歌。它所反映的深刻思想变化，它所表现的精湛圆熟的艺术技巧，不仅为历来研究陶渊明的学者所重视，也使广大陶诗爱好者为之倾倒。

诗篇生动地描写了诗人归隐后的生活和感受，抒发了他辞官归隐后的愉快心情和乡居乐趣，从而表现了他对田园生活的热爱。同时又隐含了对黑暗腐败的官场生活的厌恶。表现了作者不愿同流合污，为保持完整人格和高尚情操而甘受田间生活的艰辛。诗人写的归园田居其实是自己理想的故居。

少无适俗韵[1]，性本爱丘山。
误落尘网[2]中，一去三十[3]年。
羁鸟恋旧林，池鱼思故渊[4]。

开荒南野际⁵，守拙⁶归园田。

方⁷宅十余亩，草屋八九间。

榆柳荫⁸后檐，桃李罗⁹堂前。

暧暧¹⁰远人村，依依¹¹墟里烟。

狗吠深巷中，鸡鸣桑树颠。

户庭无尘杂¹²，虚室有余闲¹³。

久在樊笼里，复得返自然¹⁴。

课文注释

1. 适俗韵：所谓"适俗韵"指的是逢迎世俗、周旋应酬、钻营取巧的那种情态。适，指逢迎、周旋；韵，是指为人品格、精神气质。

2. 尘网：官府生活污浊而又拘束，犹如罗网。这里指仕途、官场。

3. 三十年：吴仁杰认为当作"十三年"。陶渊明自太元十八年（公元393）初仕为江州祭酒，到义熙元年（公元405）辞彭泽令归田，恰好是十三个年头。

4. 羁（jī）鸟：笼中之鸟。池鱼：池塘之鱼。鸟恋旧林，鱼思故渊，借喻自己怀恋旧居。

5. 南野：一本作南亩。际：间。

6. 守拙：守正不阿。潘岳《闲居赋序》有"巧官""拙官"二词，巧官即善于钻营，拙官即一些守正不阿的人。守拙的含义即守正不阿，可解释为固守自己愚拙的本性。

7. 方：读作"旁"。这句是说住宅周围有土地十余亩。

8. 荫：荫蔽。

9. 罗：罗列。

10. 暧暧（ài）：暗淡的样子。

11. 依依：形容炊烟轻柔而缓慢地向上飘升。

12. 户庭：门庭。尘杂：尘俗杂事。

13. 虚室：闲静的屋子。余闲：闲暇。

14. 樊：栅栏。樊笼：蓄鸟工具，这里比喻仕途、官场。返自然：指归耕园田。这两句是说自己像笼中的鸟一样，重返大自然，获得自由。

课后练习

一、体会"羁鸟恋旧林，池鱼思故渊"的深刻含义。

二、方宅十余亩，草屋八九间。榆柳荫后檐，桃李罗堂前。

　　　　暧暧远人村，依依墟里烟。狗吠深巷中，鸡鸣桑树颠。

1. 发挥想象，试复述出此部分写景的内容。

2. 诗句写平常之景，抒不平常之情。试结合这一部分加以说明。

三、在世人眼中，为官就是安逸舒适的代名词，陶渊明为什么放弃为官而选择辛苦的农家生活？

二十三、蜀道难¹

李 白

阅读提示

《蜀道难》是李白的代表作品之一。全诗共二百九十四字。本诗以山川之险言蜀道之难，给人以回肠荡气之感，充分显示了诗人的浪漫气质和热爱祖国河山的感情。

诗中诸多的画面此隐彼现，无论是山之高，水之急，河山之改观，林木之荒寂，连峰绝壁之险，皆有逼人之势，其气象之宏伟，其境界之阔大，确非他人可及。正如清代诗评家沈德潜所盛称："笔势纵横，如虬飞蠖动，起雷霆于指之间。"

噫吁嚱²，危乎高哉！

蜀道之难，难于上青天！

蚕丛及鱼凫，开国何茫然³！

尔来四万八千岁，不与秦塞通人烟⁴。

西当太白有鸟道，可以横绝峨嵋巅⁵。

地崩山摧壮士死，然后天梯石栈相钩连⁶。

上有六龙回日之高标，下有冲波逆折之回川⁷。

黄鹤⁸之飞尚不得⁹过，猿猱¹⁰欲度愁攀援。

青泥¹¹何盘盘¹²，百步九折¹³萦¹⁴岩峦。

扪参历井¹⁵仰胁息¹⁶，以手抚膺¹⁷坐长叹。

问君西游何时还？畏途¹⁸巉岩¹⁹不可攀。

但见悲鸟号古木²⁰，雄飞雌从绕林间。

又闻子规²¹啼夜月，愁空山。

蜀道之难，难于上青天，使人听此凋朱颜²²。

连峰去天不盈尺，枯松倒挂倚绝壁。

飞湍²³瀑流争喧豗²⁴，砯崖²⁵转石万壑雷。

其险也若此，嗟尔远道之人，胡为乎来哉。

剑阁峥嵘而崔嵬，一夫当关，万夫莫开²⁶。

所守或匪亲²⁷，化为狼与豺。

朝避猛虎，夕避长蛇；磨牙吮血，杀人如麻。

锦城²⁸虽云乐，不如早还家。

蜀道之难，难于上青天，侧身西望长咨嗟。

课文注释

1. 《蜀道难》：古乐府题，属《相和歌辞·瑟调曲》。

2. 噫吁嚱（xī）：三个都是惊叹词。惊叹声，蜀方言，表示惊讶的声音。宋庠《宋景文公笔记》卷上："蜀人见物惊异，辄曰'噫吁嚱'。"

3. 蚕丛、鱼凫（fú）：传说中古蜀国两位国王的名字，难以考证。何茫然：何，多么；茫然：完全不知道的样子。指古史传说悠远难详，不知道。据西汉扬雄《蜀本王纪》记载："蜀王之先，名蚕丛、柏灌、鱼凫、蒲泽、开明。……从开明上至蚕丛，积三万四千岁。"

4. 尔来：从那时以来。四万八千岁：极言时间之漫长，夸张而大约言之。秦塞：秦的关塞，指秦地。秦地四周有山川险阻，故称"四塞之地"。通人烟：人员往来。

5. 西当：在西边的。当：在。太白：太白山，又名太乙山，在长安西（今陕西眉县、太白县一带）。鸟道：指连绵高山间的低缺处，只有鸟能飞过，人迹所不能至。横绝：横越。峨眉巅：峨眉顶峰。

6. 地崩山摧壮士死：《华阳国志·蜀志》：相传秦惠王想征服蜀国，知道蜀王好色，答应送给他五个美女。蜀王派五位壮士去接人。回到梓潼（今四川剑阁之南）的时候，看见一条大蛇进入穴中，一位壮士抓住了它的尾巴，其余四人也来相助，用力往外拽。不多时，山崩地裂，壮士和美女都被压死。山分为五岭，入蜀之路遂通。这便是有名的"五丁开山"的故事。摧：倒塌。天梯：非常陡峭的山路。石栈：栈道。

7. 六龙回日：《淮南子》注云："日乘车，驾以六龙。羲和御之。日至此而薄于虞（yú）渊，羲（xī）和至此而回六螭。"意思就是传说中的羲和驾驶着六龙之车（即太阳）到此处便迫近虞渊（传说中的日落出）。高标：指蜀山中可作一方之标识的最高峰。冲波：水流冲击腾起的波浪，这里指激流。逆折：水流回旋。回川：有漩涡的河流。

8. 黄鹤：黄鹄（hú），善飞的大鸟。

9. 尚：尚且。得：能。

10. 猿猱（náo）：蜀山中最善攀援的猴类。

11. 青泥：青泥岭，在今甘肃徽县南，陕西略阳县北。《元和郡县志》卷二十二："青泥岭，在县西北五十三里，接溪山东，即今通路也。悬崖万仞，山多云雨，行者屡逢泥淖，故号青泥岭。"

12. 盘盘：曲折回旋的样子。

13. 百步九折：百步之内拐九道弯。

14. 萦（yíng）：盘绕。

15. 扪参历井：参（shēn）、井是二星宿名。古人把天上的星宿分别指配于地上的州国，叫做"分野"，以便通过观察天象来占卜地上所配州国的吉凶。参星为蜀之分野，井星为秦之分野。

16. 胁（xié）息：屏气不敢呼吸。

17. 膺（yīng）：胸。

18. 畏途：可怕的路途。

19. 巉（chán）岩：险恶陡峭的山壁。

20. 号古木：在古树木中大声啼鸣。

21. 子规：即杜鹃鸟，蜀地最多，鸣声悲哀，若云"不如归去"。《蜀记》曰："昔有人姓杜名宇，王蜀，号曰望帝。宇死，俗说杜宇化为子规。子规，鸟名也。蜀人闻子规鸣，皆曰望帝也。"这两句也有断为"又闻子规啼，夜月愁空山"的，但不如此文这种断法顺。

22. 凋朱颜：红颜带忧色，如花凋谢。凋，使动用法，使……凋谢，这里指脸色由红润变成铁青。

23. 飞湍（tuān）：飞奔而下的急流。

24. 喧豗（huī）：喧闹声，这里指急流和瀑布发出的巨大响声。

25. 砯（pēng）崖：水撞石之声。

26. 剑阁：又名剑门关，在四川剑阁县北，是大、小剑山之间的一条栈道，长约三十余里。峥嵘（zhēng róng）、崔嵬（cuī wéi），都是形容山势高大雄峻的样子。"一夫"两句：《文选》卷四左思《蜀都赋》："一人守隘，万夫莫向"。《文选》卷五十六张载《剑阁铭》："一人荷戟，万夫趑趄。形胜之地，匪亲勿居。"一夫：一人。当关：守关。莫开：不能打开。

27. 所守：指把守关口的人。或匪亲：倘若不是可信赖的人。匪，同"非"。

28. 锦城：今四川成都市。成都古代以产锦闻名，朝廷曾经设官于此，专收锦织品，故称锦城或锦官城。

课后练习

一、作者在这一段中写"尔来四万八千岁"这一时间概念，用意是什么？

二、作者开篇即慨叹蜀道"危乎高哉"，对下面行文有何作用？

三、"黄鹤之飞尚不得过，猿猱欲度愁攀援"两句运用的表现手法是什么？这样写有什么好处？

四、李白运用丰富和奇特的想像，充分表现蜀道的雄奇险峻。请结合选文的诗句，分析诗人是怎样运用点面结合的方法。

五、背诵全诗。

二十四、声声慢

李清照

阅读提示

李清照（1084—1155 年），号易安居士，齐州章丘（今山东章丘）人。宋代（两宋之交）女词人，婉约词派代表，有"千古第一才女"之称。这位颇具文学才能的女作家，在宋代众多词人中，可以说是独树一帜。

她生于书香门第，早期生活优裕，出嫁后与夫赵明诚共同致力于书画金石的搜集整理。金兵入据中原时，流寓南方，境遇孤苦。所作词，前期多写其悠闲生活，后期多悲叹身世，情调感伤。形式上善用白描手法，自辟途径，语言清丽。论词强调协律，崇尚典雅，提出词"别是一家"之说，反对以作诗文之法作词。著有《易安居士文集》《易安词》，已散佚。后人有《漱玉词》辑本。今有《李清照集校注》。

《声声慢》是她晚年的名作。其词历来为人们所称道，尤其是作者那哀婉的凄苦情，不知曾感动过多少人。当时，正值金兵入侵，北宋灭亡，志趣相投的丈夫也病死在任上，南渡避难的过程中夫妻半生收藏的金石文物又丢失殆尽。这一连串的打击使她尝尽了国破家亡、颠沛流离的苦痛。在这种背景下，作者写下了《声声慢》，通过描写残秋所见、所闻、所感，抒发自己孤寂落寞、悲凉愁苦的心绪。词风深沉凝重、哀婉凄苦，一改前期词作的开朗明快。

寻寻觅觅，冷冷清清，
凄凄惨惨戚戚。
乍暖还寒[1]时候，最难将息[2]。
三杯两盏淡酒，
怎敌他，晚来风急！
雁过也，正伤心，却是旧时相识。
满地黄花[3]堆积。
憔悴损，如今有谁堪摘[4]？
守着窗儿，独自怎生[5]得黑。

梧桐更兼细雨，

到黄昏，点点滴滴。

这次第[6]，怎一个愁字了得。

课文注释

1. 乍暖还寒：谓天气忽冷忽暖。
2. 将息：调养休息，保养安宁之意。
3. 黄花：菊花。
4. 有谁堪摘：有谁能与我共摘。谁：何，什么。
5. 怎生：怎样，如何。
6. 这次第：这情形，这景色。

课后练习

一、这首词的主旨句是"这次第，怎一个愁字了得"，请概括这"愁"具体包含了哪些内容？作者是怎样抒发这愁情的？

二、请赏析本词的语言特色。

二十五、满江红

岳 飞

阅读提示

岳飞（1103—1141 年），字鹏举，相州汤阴（今属河南）人。建炎三年（公元 1129 年）秋，金兀术南侵，改任建康（今江苏南京）留守的杜充不战而降。金军得以渡过长江天险，很快就攻下临安、越州（今绍兴）、明洲等地，高宗被迫流亡海上。岳飞率孤军坚持敌后作战。他先在广德攻击金军后卫，六战六捷。又在金军进攻常州时，率部驰援，四战四胜。次年，岳飞在牛头山设伏，大破金兀术，收复建康，金军被迫北撤。从此，岳飞威名传遍大江南北，声震河朔。七月，岳飞升任通州镇抚使，拥有人马万余，建立起一支纪律严明、作战骁勇的抗金劲旅"岳家军"。

绍兴三年，岳飞因剿灭李成、张用等"军贼游寇"，得高宗奖"精忠岳飞"的锦旗。次年四月，岳飞挥师北上，击破金傀儡伪齐军，收复襄阳、信阳等六郡。岳飞也因功升任清远军节度使。同年十二月，岳飞又败金兵于庐州（今安徽合肥），金兵被迫北还。绍兴六年，岳飞再次出师北伐，攻占了伊阳、洛阳、商州和虢州，继而围攻陈、蔡地区。但岳飞很快发现自己是孤军深入，既无援兵，又无粮草，不得不撤回鄂州（今湖北武昌）。此次北伐，岳飞壮志未酬，镇守鄂州（今武昌）时写下了千古绝唱的名词《满江红》。

怒发冲冠[1]，凭阑处、潇潇[2]雨歇。抬望眼，仰天长啸[3]，壮怀激烈。三十功名尘与土[4]，八千里路云和月[5]。莫等闲[6]，白了少年头，空悲切。

靖康耻[7]，犹未雪；臣子恨，何时灭？驾长车，踏破贺兰山[8]缺。壮志饥餐胡虏肉，笑谈渴饮匈奴血。待从头，收拾旧山河，朝天阙[9]。

课文注释

1. 怒发冲冠：形容愤怒至极，头发竖了起来。
2. 潇潇：形容雨势急骤。
3. 长啸：感情激动时撮口发出清而长的声音，为古人的一种抒情举动。
4. 三十功名尘与土：年已三十，建立了一些功名，不过很微不足道。
5. 八千里路云和月：形容南征北战，路途遥远，披星戴月。
6. 等闲：轻易，随便。
7. 靖康耻：宋钦宗靖康二年（1127年），金兵攻陷汴京，虏走徽、钦二帝。
8. 贺兰山：贺兰山脉位于宁夏回族自治区与内蒙古自治区交界处。
9. 朝天阙：朝见皇帝。天阙：本指宫殿前的楼观，此指皇帝生活的地方。

课后练习

一、讲一个岳飞的故事。
二、背诵这首词。

二十六、邹忌讽齐王纳谏

《战国策》

阅读提示

本文选自《战国策·齐策》。《战国策》是一部国别体史书，又称《国策》。记载了东周、西周及秦、齐、楚、赵、魏、韩、燕、宋、卫、中山各国之事，记事年代起于战国初年，止于秦灭六国，约有240年。主要记述了战国时期的纵横家的政治主张和言行策略。本书亦展示了东周战国时代的历史特点和社会风貌，是研究战国历史的重要典籍。作者并非一人，成书并非一时，书中文章作者大多不知是谁。西汉刘向编定为三十三篇，书名亦为刘向所拟定。

《邹忌讽齐王纳谏》讲述了战国时期齐国谋士邹忌劝说君主纳谏，使之广开言路，改良政治的故事。文章塑造了邹忌这样有自知之明，善于思考，勇于进谏的贤士形象，也表现了齐威王知错能改、从谏如流的明君形象和革除弊端、改良政治的迫切愿望和巨大决心，并进一步告诉读者居上者只有广开言路，采纳群言，虚心接受批评意见并积极加以改正才有可能成功。

邹忌修八尺有余[1]，而形貌昳丽[2]。朝服衣冠[3]，窥镜[4]，谓其妻曰："我孰与城北徐公美[5]？"其妻曰："君美甚[6]，徐公何能及[7]君也？"城北徐公，齐国之美丽者也。忌不自信[8]，而复[9]问其妾[10]曰："吾孰与徐公美？"妾曰："徐公何能及君也？"旦日[11]，客从外来，与坐谈[12]，问之客曰："吾与徐公孰美？"客曰："徐公不若[13]君之美也。"明日，徐公来，孰视之[14]，自以为不如；窥镜而自视，又弗如[15]远甚。暮寝而思之[16]，曰："吾妻之美[17]我者，私[18]我也；妾之美我者，畏我也；客之美我者，欲有求于我也。"

于是入朝见威王，曰："臣诚[19]知不如徐公美。臣之妻私臣，臣之妾畏臣，臣之客欲有求于臣，皆以美于徐公[20]。今齐地方千里[21]，百二十城，宫妇左右莫[22]不私王，朝廷之臣莫不畏王，四境之内[23]莫不有求于王：由此观之，王之蔽甚矣[24]。"

王曰："善。"乃下令："群臣吏民能面刺寡人之过者[25]，受上赏；上书谏寡人者，受中赏；能谤讥于市朝[26]，闻寡人之耳者[27]，受下赏。"令初下，群臣进谏，门庭若市[28]；数月之后，时时而间进[29]；期年[30]之后，虽欲言，无可进者。燕、赵、韩、魏闻之，皆朝于齐，此所谓战胜于朝廷[31]。

课文注释

1. 修：长，这里指身高。八尺：战国时各国尺度不一，从出土文物推算，每尺约相当于今 18 到 23 公分。这里的"一尺"等于现在的 23.1 厘米。

2. 昳（yì）丽：光艳美丽。

3. 朝服衣冠：早晨穿戴好衣帽。朝，早晨。服，名词活用做动词，穿戴。

4. 窥（kuī）镜：照镜子。

5. 我孰与城北徐公美：我与城北徐公相比谁更美。孰，谁，什么。孰与，连用表示比较。

6. 君美甚：您美极了。

7. 及：赶得上，比得上。

8. 不自信：不相信自己（比徐公美），宾语前置用法。

9. 复：又。

10. 妾：旧时男子在妻子以外娶的女子。

11. 旦日：明日，第二天。

12. 与坐谈：与之坐谈，与客人坐下谈话。介词"与"的后面省略宾语"之"。

13. 若：如。

14. 明日：第二天。孰视之：仔细地察看他。孰，通"熟"（shú），仔细。之，指城北徐公。

15. 弗如：不如。

16. 暮寝而思之：夜晚躺在床上思考这件事情。暮，夜晚。寝，躺，卧。之，代词，指妻、妾、客"美我"一事。

17. 之：用于主谓间，取消句子的独立性，不译。美，赞美。

18. 私：动词，偏爱。

19. 诚：确实。知：知道。

20. 皆以美于徐公：都认为（我）比徐公美。以，动词，以为，认为。于，比。

21. 齐地方千里：齐国土地方圆千里之内。方，方圆。

22. 宫妇左右：指宫中的姬妾和身边的近臣。莫：没有人，没有谁。

23. 四境之内：全国范围内（的人）。

24. 王之蔽甚矣：被动句，大王受蒙蔽很厉害。蔽，受蒙蔽，这里指因受蒙蔽而不明。之：用于主谓之间取消句子独立性，无实义。甚，厉害。

25. 能面刺寡人之过者：能当面批评我的过错的人。面刺，当面指责。过，过错。者，代词，相当于"……的人"。

26. 能谤讥于市朝：能在公共场所指责议论（君王的过失）。谤讥，公开议论指责，没有贬义。市朝，众人聚集的公共场所。

27. 闻寡人之耳者：传到我耳朵里。闻，使……听到。

28. 门庭若市：宫门口，庭院里像集市一样热闹（形容人多的样子）。

29. 时时而间进：时时，有时，不时，有时候。间（jiàn），间或，偶然，有时候。进，进谏。

30. 期（jī）年：第二年，明年。

31. 此所谓战胜于朝廷：这就是所谓的在朝廷上战胜（别国）。意思是内政修明，不需用兵就能战胜敌国。

课后练习

一、解释下列加点的词语。

1. 词类活用

（1）邹忌修八尺有余

（2）朝服衣冠

（3）私我也

（4）王之蔽甚矣

（5）闻寡人之耳者

（6）吾妻之美我者

（7）群臣吏民能面刺寡人之过者

2. 对比加点词的古今义

（1）今齐地方千里

（2）宫妇左右莫不私王

（3）明日，徐公来

（4）能谤讥于市朝

（5）窥镜而自视

（6）暮寝而思之

（7）邹忌讽齐王纳谏

二、重点语句翻译。

1. 群臣吏民能面刺寡人之过者，受上赏

2. 期年之后，虽欲言，无可进者。

3. 我孰与城北徐公美？

4. 能谤讥于市朝，闻寡人之耳者，受下赏。

5. 此所谓战胜于朝廷。

6. 吾妻之美我者，私我也。

7. 君美甚，徐公何能及君也？

8. 忌不自信，而复问其妾曰："吾孰与徐公美？"

三、邹忌认为"王之蔽甚矣"的原因是什么？请用自己的语言简要概括。

四、齐威王下令后，进谏者由"门庭若市"到"时时而渐进"，再到"无可进者"，这种变化说明了什么？

五、对文中的邹忌和齐威王，你更欣赏谁？请简述理由。（只要表明自己的观点，并证明自己观点的正确性即可。）

二十七、滕王阁序

王 勃

阅读提示

王勃（约650—约676年），字子安，唐代诗人，绛州龙门（今山西河津）人，出身儒学世家，与杨炯、卢照邻、骆宾王并称为"初唐四杰"，为四杰之首。在诗歌体裁上擅长五律和五绝，代表作品有《送杜少府之任蜀州》、《滕王阁序》等。主要文学成就是骈文，无论数量还是质量，都是上乘之作。

《滕王阁序》全称《秋日登洪府滕王阁饯别序》，亦名《滕王阁诗序》，骈文名篇。滕王阁位于江西省南昌市赣江滨。唐高祖之子滕王李元婴任洪州都督时（公元653年）始建，后阎伯屿为洪州牧，宴群僚于阁上，王勃省父过此，即席而作。文中铺叙滕王阁一带形势景色和宴会盛况，抒发了作者"无路请缨"之感慨。

豫章故[1]郡，洪都[2]新府。星分翼轸[3]，地接衡[4]庐[5]。襟[6]三江[7]而带[8]五湖[9]，控蛮荆[10]而引[11]瓯越[12]。物华天宝[13]，龙光射牛斗之墟[14]；人杰地灵，徐孺下陈蕃之榻。雄州雾列，俊采[15]星驰。台隍枕夷夏之交，宾主尽东南之美。都督阎公之雅望，棨戟遥临；宇文新州之懿范[16]，襜帷暂驻。十旬休假，胜友如云；千里逢迎，高朋满座。腾蛟起凤，孟学士之词宗；紫电青霜，王将军之武库。家君作宰[17]，路出名区；童子何知，躬逢胜饯。

时维九月，序属三秋。潦水尽而寒潭清，烟光凝而暮山紫。俨骖𬴂于上路，访风景于崇阿。临帝子之长洲，得天人之旧馆。层峦耸翠，上出重霄；飞阁流丹，下临无地。鹤汀凫渚，穷岛屿之萦回；桂殿兰宫，即冈峦之体势。

披绣闼，俯雕甍，山原旷其盈视，川泽纡其骇瞩。闾阎扑地，钟鸣鼎食之家；舸舰弥津，青雀黄龙之轴。云销雨霁，彩彻区明。落霞与孤鹜齐飞，秋水共长天一色。渔舟唱晚，响穷彭蠡之滨，雁阵惊寒，声断衡阳之浦。

遥襟甫畅，逸兴遄[18]飞。爽籁发而清风生，纤歌凝而白云遏。睢园绿竹，气凌彭泽之樽；邺水朱华[19]，光照临川之笔。四美具，二难并。穷睇眄[20]于中天，极娱游于暇日。天高地迥，觉宇宙之无穷；兴尽悲来，识盈虚之有数。望长安于日下，目吴会于云间。地势极而南溟深，天柱高而北辰远。关山难越，谁悲失路之人；萍水相逢，尽是他乡之客。怀帝阍而不见，奉宣室以何年？

嗟乎！时运不齐，命途多舛。冯唐易老，李广难封。屈贾谊于长沙，非无圣主；

窜梁鸿于海曲，岂乏明时？所赖君子见机，达人知命。老当益壮，宁移白首之心？穷且益坚，不坠青云之志。酌贪泉而觉爽[21]，处涸辙[22]以犹欢。北海虽赊，扶摇可接[23]；东隅已逝，桑榆非晚[24]。孟尝[25]高洁，空余报国之情；阮籍[26]猖狂，岂效穷途之哭！

勃，三尺[27]微命[28]，一介书生。无路请缨，等终军[29]之弱冠[30]；有怀投笔[31]，慕宗悫[32]之长风。舍簪笏[33]于百龄[34]，奉晨昏[35]于万里。非谢家之宝树[36]，接孟氏之芳邻[37]。他日趋庭，叨陪鲤对[38]；今兹捧袂[39]，喜托龙门[40]。杨意不逢，抚凌云而自惜[41]；钟期既遇，奏流水以何惭[42]？

呜呼！胜[43]地不常，盛筵难再；兰亭[44]已矣，梓泽[45]丘墟。临别赠言[46]，幸承恩于伟饯；登高作赋，是所望于群公。敢竭鄙怀，恭疏短引[47]；一言均赋，四韵俱成[48]。请洒潘江[49]，各倾陆海云尔：

滕王高阁临江渚，佩玉鸣鸾[50]罢歌舞。

画栋朝飞南浦云，珠帘暮卷西山雨。

闲云潭影日悠悠，物换星移几度秋。

阁中帝子今何在？槛外长江空自流。

课文注释

1. 故：以前的。

2. 洪都：汉豫章郡，唐改为洪州，设都督府。

3. 星分翼轸（zhěn）：古人习惯以天上星宿与地上区域对应，称为"某地在某星之分野"。据《晋书·天文志》，豫章属吴地，吴越扬州当牛斗二星的分野，与翼轸二星相邻。翼、轸，星宿名，属二十八宿。

4. 衡：衡山，此代指衡州（治所在今湖南省衡阳市）。

5. 庐：庐山，此代指江州（治所在今江西省九江市）。

6. 襟：以……为襟。因豫章在三江上游，如衣之襟，故称。

7. 三江：太湖的支流松江、娄江、东江，泛指长江中下游的江河。

8. 带：以…为带。五湖在豫章周围，如衣束身，故称。

9. 五湖：一说指太湖、鄱阳湖、青草湖、丹阳湖、洞庭湖，又一说指菱湖、游湖、莫湖、贡湖、胥湖，皆在鄱阳湖周围，与鄱阳湖相连。以此借为南方大湖的总称。

10. 蛮荆：古楚地，今湖北、湖南一带。

11. 引：连接。

12. 瓯（ōu）越：古越地，即今浙江南部地区。古东越王建都于东瓯（今浙江省永嘉县），境内有瓯江。

13. 物华天宝：物的精华就是天上的珍宝。

14. 龙光射牛斗之墟：龙光，指宝剑的光辉。牛、斗，星宿名。墟，域，所在之处。据《晋书·张华传》，晋初，牛、斗二星之间常有紫气照射。张华请教精通天象的雷焕，雷焕称这是宝剑之精，上彻于天。张华命雷焕为丰城令寻剑，果然在丰城（今江西省丰城市，古属豫章郡）牢狱的地下，掘地四丈，得一石匣，内有龙泉、太阿二剑。后这对宝剑入水化为双龙。

15. 俊采：指人才。

16. 懿（yì）范：美好的风范。

17. 宰：县令。

18. 遄（chuán）：迅速。

19. 朱华：荷花。

20. 睇眄（dì miǎn）：看。

21. 酌贪泉而觉爽：贪泉，在广州附近的石门，传说饮此水会贪得无厌，吴隐之喝下此水操守反而更加坚定。据《晋书·吴隐之传》，廉官吴隐之赴广州刺史任，饮贪泉之水，并作诗说："古人云此水，一歃怀千金。试使（伯）夷（叔）齐饮，终当不易心。"

22. 处涸（hé）辙（zhé）：干涸的车辙，比喻困厄的处境。《庄子·外物》有鲋鱼处涸辙的故事。

23. 北海虽赊（shē），扶摇可接：语意本《庄子·逍遥游》。

24. 东隅（yú）已逝，桑榆非晚：东隅，日出处，表示早晨，引申为"早年"。桑榆，日落处，表示傍晚，引申为"晚年"。早年的时光消逝，如果珍惜时光，发愤图强，晚年并不晚。《后汉书·冯异传》："失之东隅，收之桑榆。"

25. 孟尝：据《后汉书·孟尝传》，孟尝字伯周，东汉会稽上虞人。曾任合浦太守，以廉洁奉公著称，后因病隐居。桓帝时，虽有人屡次荐举，终不见用。

26. 阮（ruǎn）籍：字嗣宗，晋代名士，不满世事，佯装狂放，常驾车出游，路不通时就痛哭而返。《晋书·阮籍传》：籍"时率意独驾，不由径路。车迹所穷，辄恸（tòng）哭而反"。

27. 三尺：衣带下垂的长度，指幼小。古时服饰制度规定束在腰间的绅的长度，因地位不同而有所区别，士规定为三尺。古人称成人为"七尺之躯"，称不大懂事的小孩儿为"三尺童儿"。

28. 微命：即"一命"，周朝官阶制度是从一命到九命，一命是最低级的官职。

29. 终军：据《汉书·终军传》，终军字子云，汉代济南人。武帝时出使南越，自请"愿受长缨，必羁（jī）南越王而致之阙下"，时仅二十余岁。

30. 弱冠：古人二十岁行冠礼，表示成年，称"弱冠"。

31. 投笔：事见《后汉书·班超传》，用汉班超投笔从戎的故事。

32. 宗悫（què）：据《宋书·宗悫传》，宗悫字元干，南朝宋南阳人，年少时向叔父自述志向，云"愿乘长风破万里浪"。后因战功受封。

33. 簪笏（zān hù）：冠簪、手板，官吏用物，这里代指官职地位。

34. 百龄：百年，犹"一生"。

35. 奉晨昏：侍奉父母。《礼记·曲礼上》："凡为人子之礼……昏定而晨省。"

36. 非谢家之宝树：指谢玄，比喻好子弟。《世说新语·言语》："谢太傅（安）问诸子侄'子弟亦何预人事，而正欲使其佳？'诸人莫有言者。车骑（谢玄）答曰：'譬如芝兰玉树，欲使其生于庭阶耳。'"

37. 接孟氏之芳邻："接"通"结"，结交，见刘向《列女传·母仪篇》。据说孟轲的母亲为教育儿子而三迁择邻，最后定居于学宫附近。

38. 他日趋庭，叨陪鲤对：鲤，孔鲤，孔子之子。趋庭，受父亲教诲。《论语·季氏》："（孔子）尝独立，（孔）鲤趋而过庭。（子）曰：'学诗乎？'对曰：'未也。''不学诗，无以言。'鲤退而学诗。他日，又独立，鲤趋而过庭。（子）曰：'学礼乎？'对曰：'未也。''不学礼，无以立。'鲤退而学礼。闻斯二者。"

39. 捧袂（mèi）：举起双袖，表示恭敬的姿势。

40. 喜托龙门：《后汉书·李膺传》："膺以声名自高，士有被其容接者，名为登龙门。"

41. 杨意不逢，抚凌云而自惜：杨意，杨得意的省称；凌云，指司马相如作《大人赋》。据《史记·司马相如列传》，司马相如经蜀人杨得意引荐，方能入朝见汉武帝。又云："相如既奏《大人》之颂，天子大悦，飘飘有凌云之气。"

42. 钟期即遇，奏流水以何惭：钟期，钟子期的省称。《列子·汤问》："伯牙善鼓琴，钟子期善听。伯牙鼓琴……志在流水，钟子期曰：'善哉！洋洋兮若江河。'"

43. 胜：名胜。

44. 兰亭：在浙江绍兴市。晋穆帝永和九年（353）三月三日上巳节，王羲之与群贤宴集于此，行修禊（xì）礼，被除不祥。

45. 梓（zǐ）泽：即晋石崇的金谷园，故址在今河南省洛阳市西北。

46. 临别赠言：临别时赠送正言以互相勉励，在此指本文。

47. 恭疏短引：恭敬地写下一篇小序，在此指本文。

48. 四韵俱成：（我的）四韵一起写好了。四韵，八句四韵诗，指王勃此时写下的《滕王阁诗》。

49. 请洒潘江，各倾陆海云尔：钟嵘《诗品》："陆（机）才如海，潘（岳）才如江。"这里形容宾客的文采。

50. 佩玉鸣鸾（luán）：舞女身上的装饰，代指舞女。

课后练习

一、熟读全文，说说作者是从哪几个方面来写滕王阁的，并背诵第二至第三段。

背诵时，要注意从句式的对偶和长短交错中体会叙事抒情的起伏变化。

二、课文用了大量的典故，这些典故是如何运用的？起到了什么作用？

二十八、赤壁赋[1]

苏 轼

阅读提示

这篇散文是宋神宗元丰二年（1079 年）苏轼贬谪黄州（今湖北黄冈）时所作。因后来还写过一篇同题的赋，故称此篇为《前赤壁赋》。《前赤壁赋》是我国古代文学史上的名篇，表现了作者的心灵由矛盾、悲伤转而获得超越、升华的复杂过程。

作者在交代了夜游的时间、地点、人物、活动后即写景。诗人泛舟江上，正是初秋时节，大江江面，水波不兴，风平浪静。诗人信笔写来，心情闲适潇洒。在写了诗人和客人饮酒咏诗之后，诗人再写日出后的赤壁江景：白茫茫的薄雾浮起在宽阔的江面上，在皎洁的秋月照射下，江面水天相接，晶莹透明。诗人所写秋夜月下江景，反衬其澄澈无滓、洒脱无求的内心世界，《赤壁赋》把赤壁景色写得空明柔美，反衬出了诗人怡情山水，闲适洒脱的心境。

壬戌[2]之秋，七月既望[3]，苏子与客泛舟游于赤壁之下。清风徐[4]来，水波不兴[5]。举酒属[6]客，诵明月之诗，歌窈窕之章。少焉[7]，月出于东山之上，徘徊于斗牛之间。白露横江[8]，水光接天。纵一苇之所如，凌万顷之茫然。浩浩乎如冯虚御风[9]，而不知其所止；飘飘乎如遗世独立，羽化而登仙。

于是饮酒乐甚，扣舷而歌之。歌曰："桂棹兮兰桨，击空明兮溯流光。渺渺兮予怀[10]，望美人[11]兮天一方。"客有吹洞箫者，倚歌而和之[12]。其声呜呜然，如怨如慕，如泣如诉[13]；余音袅袅[14]，不绝如缕[15]。舞幽壑之潜蛟[16]，泣孤舟之嫠妇[17]。

苏子愀然[18]，正襟危坐[19]，而问客曰："何为其然也[20]？"客曰："'月明星稀，乌鹊南飞[21]。'此非曹孟德之诗乎？西望夏口，东望武昌，山川相缪[22]，郁乎苍苍[23]，此非孟德之困于周郎者乎？方其破荆州，下江陵，顺流而东也，舳舻[24]千里，旌旗蔽空，酾酒[25]临江，横槊[26]赋诗，固一世之雄也，而今安在哉？况吾与子渔樵于江渚之上，侣鱼虾而友麋鹿[27]，驾一叶之扁舟[28]，举匏樽以相属。寄[29]蜉蝣[30]于天地，渺沧海之一粟[31]。哀吾生之须臾[32]，羡长江之无穷。挟飞仙以遨游，抱明月而长终[33]。知不可乎骤[34]得，托遗响于悲风[35]。"

苏子曰："客亦知夫水与月乎？逝者如斯[36]，而未尝往也；盈虚者如彼[37]，而卒莫消长也[38]。盖将自其变者而观之，则天地曾不能以一瞬；自其不变者而观之，则物与我皆无尽也，而又何羡乎！且夫天地之间，物各有主，苟非吾之所有，虽一毫而莫取。惟江上之清风，与山间之明月，耳得之而为声，目遇之而成色，取之无禁，用之不竭。是造物者之无尽藏也，而吾与子之所共适[39]。"

客喜而笑，洗盏更酌[40]。肴核既尽[41]，杯盘狼藉。相与枕藉[42]乎舟中，不知东方之既白[43]。

课文注释

1. 选自《经进东坡文集事略》卷一，这篇散文作于宋神宗元丰五年（公元 1082年），在此之前苏轼因乌台诗案（元丰二年）被贬谪黄州（今湖北黄冈）。赤壁：实为黄州赤鼻矶，并不是三国时期赤壁之战的旧址，当地人因音近亦称之为赤壁，苏轼知道这一点，将错就错，借景以抒发自己的抱负。

2. 壬戌（rén xū）：宋神宗元丰五年（1082），岁在壬戌。

3. 既望：既，过了；望，农历十五日。"既望"指农历十六日。

4. 徐：舒缓地。

5. 兴：起，作。

6. 属：通"嘱"（zhǔ），致意，此处引申为"劝酒"的意思。

7. 少焉：不一会儿。

8. 白露：白茫茫的水汽。横江：笼罩江面。横，横贯。

9. 冯虚御风：（像长出羽翼一样）驾风凌空飞行。冯，通"凭"乘。虚，太空。御，驾御（驭）。

10. 渺渺兮予怀：主谓倒装。我的心思飘得很远很远。渺渺，悠远的样子。怀，心中的情思。化用《湘夫人》中"目眇眇兮愁予怀"一句，

11. 美人：此为苏轼借鉴的屈原的文体，用美人代指有才德的人。古诗文多以指自己所怀念向往的人。

12. 倚（yǐ）歌而和（hè）之：合着节拍应和。倚，依，按。和，应和。

13. 如怨如慕，如泣如诉：像是哀怨，像是思慕，像是啜泣，像是倾诉。怨，哀怨。慕，眷恋。

14. 余音：尾声。袅袅：形容声音婉转悠长。

15. 缕：细丝。

16. 舞幽壑（hè）之潜蛟：使深谷的蛟龙感动得起舞。幽壑，这里指深渊。

17. 泣孤舟之嫠（lí）妇：使孤舟上的寡妇伤心哭泣。嫠，孤居的妇女，在这里指寡妇。

18. 愀（qiǎo）然：忧郁的样子。

19. 正襟危坐：整理衣襟，严肃地端坐着。危坐，端坐。

20. 何为（wèi）其然也：曲调为什么会这么悲凉呢？

21. 月明星稀，乌鹊南飞：出自曹操《短歌行》中的诗句。

22. 缪（liáo）：通"缭"，盘绕。

23. 郁乎苍苍：树木茂密，一片苍绿繁茂的样子。郁，茂盛的样子。

24. 舳舻（zhú lú）：战船前后相接。这里指战船。舳，船尾掌舵处。舻，船头划桨处。

25. 酾（shī）酒：斟（zhēn）酒，敬酒。

26. 横槊（shuò）：横执长矛。

27. 侣鱼虾而友麋（mí）鹿：以鱼虾为伴侣，以麋鹿为友。侣：以……为伴侣，这里是名词的意动用法。麋，鹿的一种。

28. 扁（piān）舟：小舟。

29. 寄：寓托。

30. 蜉蝣（fú yóu）：一种昆虫，夏秋之交生于水边，生命短暂，仅数小时。此句比喻人生之短暂。

31. 渺沧海之一粟（sù）：比喻人类在天地之间极为渺小。渺，小。沧海，大海。

32. 须臾（yú）：一会儿，时间极短。

33. 长终：永在。

34. 骤：数次。

35. 托遗响于悲风：遗响，余音，指箫声。悲风，秋风。

36. 逝者如斯：语出《论语·子罕》，"子在川上曰：逝者如斯夫，不舍昼夜。"逝，往。斯，此，指水。

37. 盈虚者如彼：指月亮的圆缺。盈，月满。虚，亏，月缺。彼，指月亮。

38. 卒：最终。消长：增减。长，增长。

39. 共适（shì）：共享。而苏轼手书《赤壁赋》作"共食"，明代以后多作"共适"，义同。

40. 更酌（zhuó）：再次饮酒。

41. 肴（yáo）核既尽：荤菜和果品。既，已经。

42. 枕藉（jiè）：相互枕着靠着（睡着了）。

43. 既白：已经显出白色，指天亮了。

课后练习

一、指出下列句中加点字的活用现象和活用意义及类型。

1. 舞幽壑之潜蛟，泣孤舟之嫠妇。

2. 侣鱼虾而友麋鹿。

3. 西望夏口，东望武昌。

4. 顺流而东也。

5. 知东方既白。

二、解释下列加点字在句中的意义。

1. 纵一苇之所如

2. 乐而不能去也。

3. 苏子愀然，正襟危坐。

4. 方其破荆州，下江陵，顺流而东也。

5. 此非孟德之困于周郎者乎？

6. 而吾与子所共适。

7. 相与枕藉乎舟中。

三、翻译下列文言句子。

1. 浩浩乎如冯虚御风，而不知其所止；飘飘乎如遗世独立，羽化而登仙。

2. 盖将自其变者而观之，则天地曾不能以一瞬；自其不变者而观之，则物与我皆无尽也，而又何羡乎？

3. 哀吾生之须臾，羡长江之无穷。

4. 是造物者之无尽藏也。

四、作者在这一段中描写了哪些景物？描绘了一幅怎样的景象？有什么特点。表达了作者怎样的情绪？抒情方式是什么？

五、作者在第四段中阐述了什么哲理？此段表达了作者怎样的思想感情？

单元测试试卷

第一单元测试试卷

（建议考试时间：90分钟，满分：100分）

一、选择题（每题3分　共15分）

1. 下列词语中，加点字的读音全都正确的一项是（　　　）。

A. 照耀（yào）　　　璀璨（càn）　　　报酬（chóu）　　　花团锦簇（cù）

B. 仰（yǎng）慕　　阡（xiān）陌　　憔悴（cuì）　　聚精会神（shéng）

C. 猖獗（jué）　　　消遣（qián）　　震（zhèn）天动地　　瘦骨嶙嶙（ling）

D. 碱（xián）水　　千钧一发（fā）　蔚（wèi）然成风　　惶悚（sù）不安

2. 下列词语，没有错别字的一项是（　　　）。

A. 低吟　　五采缤纷　　枝繁叶茂　　独辟希径

B. 消遁　　狼籍　　　　姹紫嫣红　　木然呆立

C. 寻觅　　恣意　　　　酣睡　　　　安之若素

D. 侥幸　　倾国倾城　　卓尔不群　　全神冠注

3. 依次填入下列各句横线处的词语，恰当的一组是（　　　）。

①到达冥王星需要6800年，相当于最早的文明时代_____至今的年数。

②推力产生加速度，进行星际旅行的飞船_____的速度为1个重力加速度（1g）或接近1个重力加速度。

③如果飞船能做到这个_____加速，一年后能达到光速！

④天文学家所说的注意到"宇宙的_____"时，并非指那么远。

A. 延续　所须　速率　边际　　　　B. 沿续　所需　速度　边缘

C. 沿续　所须　速度　边际　　　　D. 延续　所需　速率　边缘

4. 下列句子没有语病的一项是（　　　）。

A. 2006年，在我们共和国的历史上，在我们民族发展的历史上，都将是崭新的一年。

B. 看着父亲那灰白的头发，微驼的背影，使我不禁热泪盈眶：一家人生活的重担，全压在了他的肩上。

C. 由于更新了技术，一台电视机成机时间比原来缩短了三倍。

D. 台独分子进行分裂活动时，为岛内绝大多数民众所反对，他们是爱国的，维护祖国统一的。

5. 选出顿号使用正确的一项（　　　）。

A. 可是更妙的是三、五月明之夜，天是那样蓝，几乎透明似的。

B. 我国科学、文化、卫生和新闻出版事业都有了很大进步。

C. 那浩浩荡荡无边无际的伟大的力呀！那是自由、是跳舞、是音乐、是诗！

D. 上海的越剧、沪剧、淮剧、安徽的黄梅戏、河南的豫剧、在这次会演中，都带来了新剧目。

二、填空题（每空 1 分共 9 分）

6. 《灯光》作者是_____，中国电影_____、_____。

7. 《牡丹的拒绝》文章运用_____手法，作者丰沛的情感和对_____的热烈赞颂更是依托比喻和排比的形式倾注于笔端。

三、阅读分析（36 分）

（一）

现时有两种不知爱"今"的人：一种是厌"今"的人，一种是乐"今"的人。厌"今"的人也有两派。一派是对于"现在"一切现象都不满足，因起一种回顾"过去"的感想。他们觉得"今"的总是不好，古的都是好。政治、法律、道德、风俗，全是"今"不如古。此派人惟一的希望在复古。他们的心力全施于复古的运动。一派是对于"现在"一切现象都不满足，与复古的厌"今"派全同。但是他们不想"过去"，但盼"将来"。盼"将来"的结果，往往流于梦想，把许多"现在"可以努力的事业都放弃不做，单是耽溺于虚无飘渺的空玄境界。这两派人都是不能助益进化，并且很足阻滞进化的。乐"今"的人大概是些无志趣无意识的人，是些对于"现在"一切满足的人。他们觉得所处境遇可以安乐优游，不必再商进取，再为创造。这种人丧失"今"的好处，阻滞进化的潮流，同厌"今"派毫无区别。

8. 请概括上述文段的主要内容。（4 分）

9. 作者为什么认为"乐'今'的人"也是"不知爱'今'的人"？（4 分）

10. 作者认为厌"今"的人又分为哪两种？（4 分）

（二）

近来常常想到时间。时间很玄妙：无涯无际，无始无终，无穷无尽。绵绵岁月，悠悠历史，皆由时间组成。时间涵盖宇宙太空，主宰天地万物。牛顿有时间永恒之说，爱因斯坦则有相对论的时间观念，都很能激发想象力，这是科学家思考的命题，姑且不论。

17世纪法国作家伏尔泰说过，时间是个谜：最长又最短，最快又最慢，最能分割又最宽广，最不受重视又最宝贵，渺小与伟大都在时间中诞生，等等。这一串哲理的话，在我们庸常的人生中倒也常有体会。抗战八年，"文革"十年，身临其境，常觉得时间过得慢，感到那段时间真长。事过境迁，又觉得时间过真快。人生几何，从混沌到清醒，竟用去了大半辈时间。现在生活渐趋小康，国门敞开，"与国际接轨"改革开放近二十年，仿佛又是转瞬之间。快或慢，长或短，分割或宽广，渺小或伟大，最终是留不住时间。"子在川上曰：逝者如斯夫，不舍昼夜。"古人浩叹时间流失的惆怅和无奈，今人依然引起共鸣。

时间也真是不可捉摸：无形无影，无声无息，无光无色。然而，时间却又无处不在，无往而不在。随手掇拾几个生活细节，例如撕去的日历，飘落的秋叶，老人的白发，美女眼角的鱼尾纹，诸如此类，都显示时间的印痕。

时间对每一个人都是公正的。人人不断拥有时间，人人又不断丧失时间。历史无情，岁月不饶人。老人是去日苦多，来日苦短。年轻人的时间当然比老人富有得多，经得起透支和挥霍。不过，正如老年是从青年过来的，青年的未来必然是老年，如果有足够的年龄可以称得上老年的话。这个道理很简单，或长或短，任何人的时间都是有限的。

说实话，我很羡慕今天的青年。上班族的人们，有了双休日，一个星期多了一天属于自己的时间。一周整整两天完全由自己支配，何等幸福，可做多少自己想做的事！回想往昔的年代，即使是不搞政治运动的日子，也很少有自己的时间。50年代一个长时期，我放弃许多星期天，放弃许多难得的节假日，只为了关在斗室里，悄悄伏案笔耕，却也须警惕有人虎视眈眈，横加指责，业余写作是"名利思想作怪"云云。这种责难今天显得很遥远，听起来近乎荒诞，当代走红的青年作家知道的恐怕不多了。

最大的浪费是时间的浪费。浪费个人时间，蹉跎年华，虚掷生命，是个人的损失。如果浪费国家和民族的时间，长期无谓地消耗，造成历史倒退，是亿万人民的损失。时间孕育机遇，机遇来自时间。大有大的机遇，小有小的机遇。赢得时间，接受挑战，为民造福，没有不能创造的奇迹。马克思有一句耐人寻思的名言："时间是人类发展的空间。"在无限浩瀚的时空，人类的想象力是无穷无尽的。

11. 文中第二段引用两位科学家的观点有什么作用？（不超过15字）（4分）

12. 第五段中画线句子"年轻人的时间当然比老人富有得多，经得起透支和挥霍"，实际上所要表达的意思是什么？（不超过15字）（5分）

13. 作者在第六段中写到"这种责难，今天显得很遥远，听起来近乎荒诞"。为什么说"遥远"（不超过15字）为什么说"荒诞"？（不超过15字）（5分）

14、联系上文，最后一段中的"长期无谓地消耗"具体指代什么？（不超过12字）（5分）

15. 下列对文章的分析正确的两项是（　　）。（5分）

A. 首段"近来常常想到时间"一句话，明确了话题，统领全文。

B. 对古人浩叹时间流失的惆怅和无奈，作者也颇为赞同。

C. 作者"很羡慕今天的青年"，是因为每周多了一天属于自己的时间。

D. 作者认为时间对每一个人的公正在于任何一个人的时间都是有限的。

E. 全文结合自身体验揭示了时间既玄妙又不可捉摸的真谛。

四、作文（40分）

结茧成蛹的春蚕，在软壳里期待化为彩蝶的时刻；含苞欲放的花蕾在青叶中畅想盛开如霞的未来。青春年少的我们在成长的过程中，定然憧憬着美好的明天，做着这样那样的梦，诸如团圆梦、大学梦、作家梦、航天梦、强国梦……

请以"我的_____梦"为题，写一篇文章。

要求：

①字数不少于600字。

②文体自选（除诗歌外）

③文中不得出现你所在学校的校名和师生姓名。

④字迹清晰美观、卷面整洁。

第二单元测试试卷

（建议考试时间：90分钟，满分：100分）

一、选择题（每题4分，共40分）

1. 下列词语的写法完全正确的一项是（　　）。

A. 枯躁　蔓延　暧昧　高深莫测　　　B. 穿戴　包裹　摧毁　身临其境

C. 耳畔　障碍　健盘　息息相关　　　D. 酷暑　残烈　婉惜　纤尘不染

2. 下列词语解释中错误的一项是（　　　）。

A. 取之不尽，用之不竭：取不完也用不完。竭，尽，用尽。

B. 新陈代谢：指生物体内部以新物质代替旧物质的过程。

C. 自食其力：自己靠某种力量而生存。

D. 举足轻重：形容地位和作用非常重要，可以影响全局。

3. 在下列句中的横线处填入恰当的词语，正确的一项是（　　　）。

（1）刑侦人员通过三天细致的_____，不放过一丝蛛丝马迹，终于找到嫌疑人在作案现场留下的犯罪事实。

（2）展览会上的工艺品件件都很_____。

（3）他是个_____很深厚的青年。

A. 侦察　精致　内含　　　　　　B. 侦查　精细　内涵

C. 侦查　精致　内涵　　　　　　D. 侦察　精细　内含

4. 在下列横线处填入恰当的关联词语，正确的一项是（　　　）。

作战成为作业。在传统意义上，扣动扳机_____作战，敲击键盘_____作业。_____现代战争中，操纵键盘_____越来越多地代替了扣动扳机，各种各样的作业日益成为现代战场上的作战。_____远程导弹杀死千百人，操纵员_____看不见一具尸骸，他的工作服一丝不乱，他的双手纤尘不染。

A. ……才是……只是……而……却……即使……仍……

B. ……就是……才是……而……竟……如果……却……

C. ……才是……只是……但……竟……如果……却……

D. ……就是……才是……但……却……即使……仍……

5. 下列各句中加点的成语使用恰当的一项是（　　　）。

A. 你们对此人不了解，但我们对他的底细一目了然。

B. 下乡前两天，党委又组织我们学习党的有关文件，使大家明确党的农业政策，做到胸有成竹。

C. 我们要掌握先进的科学技术，在天上翻云覆雨，让自然听我们使唤。

D. 我们应该清醒地认识到，反走私工作依然任重道远。

6. 下列各句的表达没有语病的一项是（　　　）。

A. 这会儿你不能去找他，他正在考场考研究生。

B. 学校安排各项活动，都要本着对学生有教育作用这一原则。

C. 过去在墨西哥和智利，流行性感冒是致死的疾病，别的国家为此病而死的病例也不少。

D. "心连心"艺术团近日正与当地文艺团体联袂演出，古田地区的军民奔走相告，企盼亲人的到来。

7. 下列各句中标点符号的使用没有错误的一项是（　　）。

A. 他碰到了一个新鲜而古老的困惑，新鲜在于：没有想象的战斗不再是战斗。古老在于：他支配着枪还是枪支配着他？

B. 然而，去年在863计划十周年展览会上，笔者有幸骑车畅游了一会"紫禁城"。

C. 据美国"大众科学"报道，预计德累斯登大教堂将在2003年恢复原貌。

D. 到80年代，综合集成传感器技术、实时仿真技术、计算机辅助技术、多媒体技术等多种高技术，正式定名为虚拟技术。

8. 下面七句话的语序排列正确的一项是（　　）。

①虚拟现实技术则可以将你带入一个真实的环境，好像真是在公路上行驶。

②其他像潜水、到火星上行走、建筑设计、医疗和军事演习等，都能采用这一技术。

③人间有许多事情是人难以立即身临其境的。

④只是撞了人或障碍，有惊险的感觉，而无损失。

⑤练熟了上路，自然而然，没有异样的感觉。

⑥但在练车场练习驾车，同公路上的实际状况又差距太大。

⑦举最简单的例子，学开汽车，学习者是不能刚学完汽车原理，便开车上路的。

A. ③⑦⑥①④⑤②　　　　　　　B. ①④⑥⑤⑦②③

C. ③①④⑥⑦⑤②　　　　　　　D. ①⑦⑥⑤④②③

9. 对下面语段中所运用的说明方法解说，正确的一项是（　　）。

每件武器都是一件仪器。比如一支冲锋枪聚集了那么多高科技功能后，它就不仅是单纯的射击武器，更是件复杂的观察、测距、定向、通讯等仪器。这些仪器迫使士兵不再是昔日的单纯枪手，而必须具备某些数学家、化学家、电脑操纵员、通讯工程师等品质。士兵的性命，有时就不再取决于是否被一枚达姆弹击中，而取决于某只硅电板是否被泥水锈蚀。换言之，枪上所有的仪器浓缩到一起，使那支枪无比卓越。但只要一只硅电板损坏，整支枪都可能变质为废铁。未来士兵是一团精致生物链，他的强大与脆弱纠缠在一起，甚至可以说是各种各样的脆弱才造就了他的强大。

A. 举例子　作诠释　作比较　　　C. 打比方　作诠释　作比较

B. 举例子　作比较　打比方　　　D. 打比方　举例子　作诠释

10. 下列句子排序正确的一项是（　　）。

①大约在32亿年以前，最原始的生命在海洋里诞生。

②这些原始生命经过亿万年的进化，逐步形成了原生动物、海绵动物、环节动物、软体动物、节肢动物、棘皮动物。

③它们以海洋里自然形成的一些有机物为生，所以叫"异养生物"。

④大约1亿年以后，才出现像蓝藻一样的原始生命，这是一批自食其力的"自养生物"。像鱼类这样比较高等的海洋脊椎动物。

⑤后来，还出现了像鱼类这样比较高等的海洋脊椎动物。

⑥原始生命向另一个方向发展，又形成了许多海洋藻类。

A. ①④③②⑥⑤   B. ①③④⑤⑥②

C. ①⑤⑥②③④   D. ①③④②⑤⑥

二、阅读分析（20分）

（一）

①生命在海洋里诞生绝不是偶然的，海洋的物理和化学性质，使它成为孕育原始生命的摇篮。

②我们知道，水是生物的重要组成部分，许多动物组织的含水量在百分之八十以上，而一些海洋生物的含水量高达百分之九十五。水是新陈代谢的重要媒介，没有它，体内的一系列生理和生物化学反应就无法进行，生命也就停止。因此，在短时期内动物缺水要比缺少食物更加危险。水对今天的生命是如此重要，它对脆弱的原始生命，更是举足轻重了。生命在海洋里诞生，就不会有缺水之忧。

③水是一种良好的溶剂。海洋中含有许多生命所_____的无机盐，如氯化钠、氯化钾、碳酸盐、磷酸盐，还有溶解氧，原始生命可以毫不费力地从中吸取它所需要的元素。

④水具有很高的热容量，加之海洋浩大，任凭夏季烈日曝晒，冬季寒风扫荡，它的温度变化却比较小。因此，巨大的海洋就像是天然的"温箱"。是孕育原始生命的温床。

⑤阳光虽然为生命所_____，但是阳光中的紫外线却有扼杀原始生命的危险。水能有效地吸收紫外线，因而又为原始生命提供了天然的"屏障"。

⑥这一切都是原始生命得以产生和发展的必要条件。

11. 为加点字注音。（1分）

曝晒（   ）

12. 解释词义。（2分）

举足轻重

13. 给③段和⑤段的横线上选择一个合适的词。（   ）（3分）

A. 必要 必要   B. 必须 必须   C. 必需 必需   D. 必需 必须

14. 对短文内容理解正确的一项是（   ）。（3分）

A. 对人体来说，水比食物更重要。

B. 海水的温度在冬季和夏季都相对比较稳定的主要原因是海的面积大。

C. 因为阳光中的紫外线有杀死原始生命的危险，所以紫外线对人体只有害处。

D. 第⑤段的中心句是阳光虽然为生命所_____，但是阳光中的紫外线却有扼杀原始生命的危险。

E. 原始生命得以产生和发展的必要条件是：充足的水，无机盐，适宜的温度，防紫外线杀伤。

15. 如果把短文的结构分为三部分，划分最恰当的一项是（　　）。（3分）

A①②—③④—⑤⑥　　　　　　B①②—③④⑤—⑥

C①—②③④—⑤⑥　　　　　　D①—②③④⑤—⑥

（二）

太阳的能量

太阳在亿万年的历史长河中忠于职守地为地球提供能量，它的能量是什么？这是一个催人探索的问题。在相对论出现以前，人们解释说太阳内部物质燃烧而释放出能量。相对论诞生后，则解释为原子核的聚变和裂变产生出巨大的能量。这两种解释都使人类痛苦而面临着抉择。

然而，统一论发现，太阳是宇宙中大规模的统一场场级变化，使得在某一空间区域内产生的巨大的能量辐射现象。这可以用太阳灶来打比方，聚光镜把太阳能聚焦在某一点上，于是该焦点便产生了一个能量聚焦点。太阳便是宇宙中一个巨大的能量聚焦点。这个能量点是来源于宇宙统一场场能的不断变化使在太阳所在的区域内不断发生能级跃迁，从而产生的巨大的能量辐射现象。其微观辐射模型，正是核外电子能极跃迁的现象，一个电子从一个能级跃迁到另一个能级，对能量的吸收与释放是从整个原子系统上表现出来的，太阳能源的统一论观点使得在这一领域的宏观理论和微观理论也得到了完美的统一。

由此可见，太阳并不是悬挂在天空的圆球，而是宇宙运行中的一个闪光点。这闪光也不是因其自身能发光，而是宇宙运动产生的能量辐射现象，所以我们没有必要对地球产生菲薄之念，因为地球自身就是拯救自己的真正的"太阳"。

16. "使人类痛苦而面临着抉择"一句中，"痛苦"是指（　　）。（2分）

A. 太阳能源总会耗尽，宇宙将失去光明。

B. 太阳总有一天会从我们的天空消逝。

C. "内部物质燃烧论"与"相对论"都意味着人类的灭亡。

D. 必须离开地球故乡，去寻找新的太阳。

17. 与"太阳仅是宇宙中一个巨大的能量聚焦点"含义一致的是（　　）。（2分）

A. 太阳是在宇宙统一场场能作用下产生的巨大能量辐射现象。

B. 太阳就是宇宙中吸收能量并产生巨大辐射现象的"聚光镜"。

C. 太阳的巨大能量辐射现象是在宇宙统一场场能作用下产生的。

D. 太阳就是宇宙"聚光镜"作用下吸收能量产生的辐射现象。

18. "地球自身就是拯救自己的真正的'太阳'"这一说法的科学依据是（　　）。(2分)

A. 整个宇宙是不可分解的整体，有地球存在，就一定有太阳存在。

B. 地球运动是产生太阳辐射现象的必要条件，地球运动是永恒的。

C. 太阳的辐射现象是包括地球在内的宇宙系统运行的自然结果。

D. 从某种意义上说，"太阳"部分在地球中延伸，地球就是自身的"太阳"。

19. 下面表述与文意不相符的一项是（　　）。(2分)

A. 根据统一论，太阳是宇宙运行中自身并不能发光的一个闪光点。

B. 相对论认为太阳能源来自于原子核的聚变和裂变产生的巨大能量。

C. 文中用太阳灶来打比方是为了说明太阳是宇宙一个巨大的能量聚焦点。

D. 相对论以前的观点认为，由于能源耗尽，太阳总有一天会从我们的太空消逝。

三、写作（共40分）

在生活中，我们常常会被一些自然现象和社会人事所感动；感动是从善良心灵中涌动出来的一种美好情感。请以"感动"为话题，作文。

要求：题目自拟，立意自定，文体不限（诗歌除外）。写一篇不少于600字的文章。

第三单元测试试卷

（建议考试时间：90分钟，满分：100分）

一、选择题（每题4分，共40分）

1. 下列各组词语中，没有错别字的一项是（　　）。

A. 坐镇　拉家常　德高望重　实至名归

B. 秉赋　享清福　异曲同功　直截了当

C. 端详　辨证法　习焉不察　乌烟瘴气

D. 烦燥　水蒸气　钟灵毓秀　金碧辉煌

2. 依次填入下列各句横线处的词语，最恰当的一组是（　　）。

①这一切的刺心回忆，我忍不住流下_____的泪滴，连忙离开这容易激动感情的地方吧！

②想无名而终于有名，其原因大概因为历史需要_____清高的样板。

③现代文明_____是一种不可阻挡的潮流，然而美的领域，是不是应该留下一席原始的纯自然的位置呢？

A. 辛酸　竖立　纵然　　　　　　　B. 心酸　竖立　固然

C. 心酸　树立　纵然　　　　　　　D. 辛酸　树立　固然

3. 下列各句中加点的成语使用不恰当的一项是（　　　）。

A. 眼泪不为一己的悲痛而是为芸芸众生……而流，佛的慈悲真不能不令人流下感激的泪。

B. 没有人肯为他们的过失辩护或予以原谅，许多人还要夸大其词地同声攻击，把他们骂得体无完肤……

C. 我国企业遭遇的知识产权国际纠纷越来越多，但国内能够应对这些诉讼的高级人才却是百里挑一，极其缺乏。

D. 虽然我们有长安，有洛阳，但没有一个像你们的：既素朴又华贵，既博雅又大方；细大不捐，而巨细悉得其当。

4. 下列没有语病的一项是（　　　）。

A. 这秋蝉的嘶叫，在北平可和蟋蟀耗子一样，简直像是家家户户都养在家里的家虫。

B. 正是这种发现，沟通了我国新文学和世界现代文学的精神联系，奠定了"自我"在现代散文中的主体地位。

C. 在当代，清高曾经长期受批判，但因为它毕竟是中国传统文化中一个独特的概念和价值观念，在人们心中影响很深，因此虽然批了，却仍然没有使许多人的观念真正转变。

D. 本文通过对青海湖梦幻般的景象和作者游历青海湖的感觉，突出了青海湖景物的显著特点。

5. 下列各句中加点的词语使用不恰当的一句是（　　　）。

A. 这事你现在做不了，就不要勉为其难，以后有条件再做也不迟。

B. 他谦虚地说："我既不擅长唱歌，也不喜欢运动，除了画画，就别无长物了。"

C. 随着再就业工程的实施，许多下岗职工坚信山不转水转，自立自强，重新找到了人生的位置。

D. 在国企改革中，某些人"明修栈道，暗度陈仓"，打着企业改制的幌子，侵吞国有资产。

6. 在读书的时候，我们在与（　　　）交谈。

A. 智者　　　　　　B. 愚人　　　　　　C. 常人

7. 一个（　　　）的人，一定会交一个好运。

A. 机敏谨慎　　　　B. 粗心开朗　　　　C. 随遇而安

8. 一般来说，青年人富于（　　　），而老年人长于深思。

A. 热情　　　　　　B. 直觉　　　　　　C. 谨慎

9. 依次填入横线的一组关联词是（　　　）

德摩斯梯尼口吃，发音不准，常被雄辩的对手压倒，_____他不气馁，为了克服缺点，他每天口含石子，面对大海朗诵，_____春夏秋冬，风霜雨雪，坚持不懈，_____连爬山、跑步也边走边做演说，终于成为全希腊最著名的演说家。

A. 但是　尽管　由于　　　　　　　B. 然而　虽然　而且

C. 可是　不管　甚至　　　　　　　D. 但是　即便　而且

10. 指出下列破折号用法与其他三项不同的一项（　　　）

A. 不过这话似乎不能反过来说——一个人没有受过系统的教育，他却能够很有教养。

B. 他比较集中地反映了我国古代建筑技术的主要成就——广泛多样的建筑材料，先进的建筑结构和施工技术，以及造诣很深的建筑设计和艺术表现力。

C. 我们的祖先对印度窣堵坡的性质、材料、构造，包括它的细部装饰，并不生搬硬套，而是按照我国早已确立的建筑体制——楼、阁、阙、观等一些纪念性和装饰性较强的土木结构类型，进行了新的创作，更突出地表现了"聚集、高显"的原意。

D. 现成的大小石块作为凳子——而这样的石凳也还是以奢侈品的姿态出现。

二、阅读分析（共20分）

（一）散文是一种"实""虚"结合、因"实"出"虚"的艺术。所谓"实"，指的是现实生活中人、事、物、景等真实的客观外物。写作"主体"（我）生活在社会现实里，置身于这些人、事、物、景的实生活环绕之中，他自然会有所观照、感应。因此，在散文中写出这些激活"主体"精神映射的"实生活"来，就显得很有必要；它实在是营造作品精神家园不可或缺的基石。在散文的"实生活"层面上，作者所做的是"生活运动"。在这里，真实是绝对的要求。其记写应准确无误，取信后世，力戒虚构编织，矫情伪饰。散文的这种纪实性，是这种文体和读者之间千百年来所达成的一种信任默契，是不可率性改动的。

散文需要写"实"，但写"实"并非终极目的。散文的真正作意或精神是在铺垫好这些基石后，向情感、精神等形而上的领域大胆进发，构建出一个精神或心灵的大厦！而这即是写"虚"。

写"虚"，又可向两方面发展：一是在"人与社会"的关系上着力，走客观、向外的路，主理，重哲理感悟，求思想深邃，以理智的深刻、明澈取胜——杂文、随笔等走的即是此路；二是在人类自身的观照上着力，走主观、向内的路，主情，重人性开掘，求心灵净化，以情感的明净深沉动人——艺术散文走的即是此路。杂文和随笔是极其亲近的两姐妹：它们都是说理性散文，重哲理，崇个性，富理趣，有文采。它们的区别仅在于选材、笔调和语言色彩上，但两者的共同性大于差别性。

从"情感——性灵——心灵——生命体验"这不同的层面，散文已超越了实生活而进入了写"虚"的精神"内宇宙"。情感层面，即所谓"七情"，它们是主体在现实生活中因受到某种刺激而产生的一种情感或情绪反映。性灵层面即作为一个个体生命所具有的个性、性格。"性灵即自我"，从这一点看，能写出鲜活而独特的"这一个"来是散文具有审美魅力的很高境界。心灵层面，又向内深入一步，直攫性情的奥府、个性的根据。它不仅包括意识、前意识，而且涵盖下意识、潜意识（如幻觉及梦等）。这种微妙而精深内心活动，是只有主体自我才能体察和表现的，难度很大。现在，我们尚难举出很典范的"心灵"散文。至于生命体验层面，不像以上几层有内在的递进关系，它只是抽出来予以强调而已。但生命意识与自我意识密切相连，因此，散文中的这种独特的生命体验，也就和作者生命独特性息息相关。

散文的"向内性"或"精神性"相当重要，其神髓怕更在于"内"或"虚"上。因此，欣赏散文既要看到它是一种实、虚结合的艺术：虚，不离实（外物）的铺垫，实，有待虚（精神）的上升；更要看到内或虚，才真正是触发作家作意的激活点，思想、精神的闪光点，是散文作品的魅力所在！（选自刘锡庆〈现当代散文欣赏〉，有删改）

11. 关于散文的"实"与"虚"的理解，不正确的一项是（　　）（2分）

A. 散文的"实"指的是现实生活中真实的客观外物。因此，写"实"是散文绝对的要求，是散文的终极目的。

B. 散文"虚"可以在"人与社会"的关系上着力，也可以在人类自身的观照上着力，前者如杂文、随笔等，后者如艺术散文。

C. 散文是一种"实""虚"结合，因"实"出"虚"的艺术，"实"即"外物"，"虚"即"精神"，"虚"离不开"实"的铺垫，"实"又有待于虚的上升，两者相辅相成。

D. 散文的"向内性"或"精神性"显示出"内"或"虚"的重要价值，"内"或"虚"正是触发作家作意的激活点，思想、精神的闪光点，是散文作品的魅力所在。

12. 下列说法符合文意的一项是（　　）。（2分）

A. 杂文和随笔的差异表现在取材、笔调、语言色彩上，但它们都属说理性散文，重人性开掘，求心灵净化。它们都已超越了"实"的生活而进入了写"虚"的精神境界。

B. "性灵即自我"，写出鲜活而独特的"这一个"来是散文具有审美魅力的最高境界。性灵层面区别于情感层面的关键是：性灵层面重性格展现，轻情感抒发。

C. 作者认为，我们尚难举出很典范的"心灵"散文，因为心灵层面涵盖下意识、潜意识等微妙而精深的内心活动，只有主体自我才能去体察和表现。

D. 从"情感——性灵——心灵——生命体验"这不同的层面，显现出向内、主情的狭义散文内在的层层递进的关系，展现出散文不朽的艺术魅力。

（二）比之于埃及的金字塔，印度的山奇大塔，古罗马的斗兽场遗迹，中国的许多文化遗迹常常带有历史的层累性。别国的遗迹一般修建于一时，兴盛于一时，以后就以纯粹遗迹的方式保存着，让人瞻仰。中国的长城就不是如此，总是代代修建、代代拓伸。长城，作为一种空间蜿蜒，竟与时间的蜿蜒紧紧对应。中国历史太长、战乱太多、苦难太深，没有哪一种纯粹的遗迹能够长久保存，除非躲在地下，躲在坟里，躲在不为常人注意的秘处。大凡至今轰传的历史胜迹，总会有生生不息、吐纳百代的独特秉赋。

莫高窟可以傲视异邦古迹的地方，就在于它是一千多年的层层累聚。看莫高窟，不是看死了一千年的标本，而是看活了一千年的生命。一千年而始终活着，一代又一代艺术家前呼后拥向我们走来，每个艺术家又牵连着喧闹的背景。在别的地方，你可以蹲下身来细细玩索一块碎石、一条土埂，在这儿完全不行，你也被裹卷着，身不由主，踉踉跄跄，直到被历史的洪流消融。

白天看了些什么，还是记不大清。只记得开头看到的是青褐浑厚的色流，那应该是北魏的遗存。色泽浓厚沉着得如同立体，笔触奔放豪迈得如同剑戟。那个年代战事频繁，驰骋沙场的又多北方骠壮之士，强悍与苦难汇合，流泻到了石窟的洞壁。这一派力、一股劲，让人疯了一般，拔剑而起。这里有点冷、有点野，甚至有点残忍；

色流开始畅快柔美了，那一定是到了隋文帝统一中国之后。衣服和图案都变得华丽，有了香气，有了暖意，有了笑声。这是自然的，隋炀帝正乐呵呵地坐在御船中南下，新竣的运河碧波荡漾，通向扬州名贵的奇花。隋炀帝太凶狠，工匠们不会去追随他的笑声，但他们已经变得大气、精细，处处预示着，他们手下将会奔泻出一些更惊人的东西。

色流猛地一下涡漩卷涌，当然是到了唐代。人世间能有的色彩都喷射出来，但又喷得一点儿也不野，舒舒展展地纳入细密流利的线条，幻化为一种壮丽。这里不再仅仅是初春的气温，而已是春风浩荡，万物苏醒。这里连禽鸟都在歌舞，连繁花都裹卷成图案，这里的雕塑都有脉搏和呼吸，挂着千年不枯的吟笑和娇嗔。这里的每一个场面，而每一个角落，都够你留连长久。这里没有重复，真正的欢乐从不重复。一到别的洞窟还能思忖片刻，而这里，一进入就让你燥热。这才是人，这才是生命。人世间最有吸引力的，莫过于一群活得很自在的人发出的生命信号。唐代就该这样，这样才算唐代。我们的民族，总算拥有这么个朝代，总算有过这么一个时刻，驾驭如此瑰丽的色流，而竟能指挥若定。

色流更趋精细，这应是五代。唐代的雄风余威未息，只是由炽热走向温煦，由狂放渐趋沉着。头顶的蓝天好像小了一点，野外的清风也不再鼓荡胸襟。

终于有点灰黯了，舞蹈者仰首看到变化了的天色，舞姿也开始变得拘谨。欢快的整体气氛，已难于找寻。大宋的国土，被下坡的颓势，被理学的层云，被重重的僵持，遮得有点阴沉；色流中很难再找到红色了，那该是到了元代；这些朦胧的印象，稍一梳理，已颇觉劳累，像是赶了一次长途的旅人。据说，把莫高窟的壁画连起来，整整长达六十华里。我只不信，六十华里的路途对我轻而易举，哪有这般劳累？（选自余秋雨《莫高窟》，有删改）

13. 试根据第一段内容，概括出中国文化遗迹的特点。（不超过 20 字）（4 分）

答：＿＿＿＿＿＿＿＿＿＿＿＿＿＿＿＿＿＿＿＿＿＿＿。

14. 选段最后说，"我只不信，六十华里的路途对我轻而易举，哪有这般劳累？"对这句话该怎样理解？（4 分）

答：＿＿＿＿＿＿＿＿＿＿＿＿＿＿＿＿＿＿＿＿＿＿＿。

15. 作者为什么重点描画色流的变化，其用意何在？为什么又着重写唐代的色流？（4 分）

答：（1）＿＿＿＿＿＿＿＿＿＿＿＿＿＿＿＿＿＿＿＿＿＿＿

（2）＿＿＿＿＿＿＿＿＿＿＿＿＿＿＿＿＿＿＿＿＿＿＿。

16. 下列对选文的分析鉴赏，正确的两项是（　　）和（　　）。（4 分）

A. "白天看了些什么，还是说不大清"，表明莫高窟可看的东西很多，但作者白天并没有留下什么印象。

B. 北魏的遗存"有点冷，有点野，甚至有点残忍"，说明这是艺术创作的初期，技艺还不太成熟。

C. "终于有点灰黯了，舞蹈者仰首看到变化了的天色，舞姿也开始变得拘谨"，这说明当时雕塑艺术水平还很粗陋，继唐代之后又渐成下坡趋势，真正的莫高窟的价值与魅力在唐代得到最突出的体现。

D. 作者的思想感情借艺术形象加以"包装"，他从凝固的雕塑与绘画中看出了"色流"，用心记录了色流在每一个历史阶段呈现的不同特点。

E. 从选段看出，余秋雨散文落笔如行云流水，舒卷之间充溢着灵性，表现出浸润了理性精神与内在理趣的诗化特点。

三、句、段仿写（共 40 分）

22. 请根据例句和给出的开头，仿写句子。

人们在关注自己是否衰老时，常忽略自己的感官，不妨自己诊断一下：你的鼻子能否嗅得出四季的不同？（15 分）

＿＿＿＿＿＿＿＿＿＿＿＿＿＿＿＿＿＿＿＿＿＿＿？

＿＿＿＿＿＿＿＿＿＿＿＿＿＿＿＿＿＿＿＿＿＿＿？

＿＿＿＿＿＿＿＿＿＿＿＿＿＿＿＿＿＿＿＿＿＿＿？

＿＿＿＿＿＿＿＿＿＿＿＿＿＿＿＿＿＿＿＿＿＿＿？

23. 段落仿写（25分）

"松脂有千年不悔的意志，才能造化成珍贵的琥珀；腊梅有坚贞不屈的毅力，才能怒放在严寒的冬季，蜡烛有无私奉献的精神，才能照亮人类的世界；种子有百折不挠的意志，才能长成参天大树；水滴有持之以恒的意志，才能穿破坚硬的石块。"

要求：仿写以上段落，运用"——有——才能——"的句式，写出5个句子，赞美你认为具有高尚品质的事物。

第四单元测试试卷

（建议考试时间：90分钟，满分：100分）

一、选择题（每题2分，共20分）

1. 选出下列加点字注音无误的一组。（　　）

A. 拗开（ào）　　丛冢（zhǒng）　　肩胛骨（jā）　　瘐毙（yǔ）

B. 蹩进（bié）　　搔痒（sāo）　　乖角儿（jué）　　窸窣（xī sū）

C. 搭讪（shàn）　　尽量（jìn）　　恪守（kè）　　褴褛（lán lǚ）

D. 踌躇（chù）　　踉跄（qiàng）　　竦然（sǒng）　　丛冢（zhǒng）

2. 下列句中没有错别字的一项是（　　）。

A. 因此步步留心，时时在意，不恳轻易多说一句话，多行一步路，唯恐被人耻笑了他去。

B. 正方炕上横设一张炕桌，桌上磊着书藉茶具，靠东壁面西设着半旧的青锻靠背引枕。

C. 黛玉一面吃茶，一面打量这些丫鬟们，装饰衣裙，举止行动，果亦与别家不同。

D. 只是有一句话嘱咐你：你三个姊妹倒是极好，以后一处念书认字学针线，或是偶一玩笑，都有尽让的。

3. 将下列句子的顺序重新排列，最恰当的一组是（　　）。

①陶醉在妇女们所认为最美满最甜蜜的胜利里。

②她狂热地兴奋地跳舞，沉迷在欢乐里，什么都不想了。

③陶醉在人们对她的赞美和羡妒所形成的幸福的云雾里。

④她陶醉于自己的美貌胜过一切女宾，陶醉于成功的光荣。

A. ②④①③　　　　B. ④③①②　　　　C. ②④③①　　　　D. ④③②①

4. 下列词语解释有误的一项是（　　）。

A. 身量苗条，体格风骚。（轻浮，不稳重）

B. 却有了一段自然的风流（风韵）态度。

C. 说了这些不经之谈。（不合常理的话）

D. 这来者系谁，这样放诞无礼（放纵，不受规范）

5. 下列句中分号用法与其他三句不同的一项是（ ）。

A. 天气比屋子里冷得多了；老栓倒觉爽快，仿佛一旦变了少年，跨步格外高远。

B. 老栓一面听，一面应，一面扣上衣服；伸手过去说，"你给我罢。"

C. 那人一只大手，向他摊着；一只手却撮着一个鲜红的馒头，那红的还是一点一点往下滴。

D. 华大妈看他排好四碟菜，一碗饭，立着哭了一通，化过纸锭；心里暗暗地想，"这坟里的也是儿子了。"

6. 依次填入下列各句中的词语正确的一项是（ ）。

①商店橱窗里_____着许多最新产品。

②屋内_____着精巧的木器、珍奇的古玩。

③她无力_____自己的女儿，心里十分难受。

④她_____着一个老人，使这个孤寡的老人晚年得到了温暖。

A. 陈列　陈设　抚养　扶养　　　　B. 陈列　陈设　扶养　抚养

C. 陈设　陈列　抚养　扶养　　　　D. 陈设　陈列　扶养　抚养

7. 请选出没有修辞手法的一句。（ ）

A. 天生的聪明，优美的资质，温柔的性情，就是她们唯一的资格。

B. 她也是一个美丽动人的姑娘，好像由于命运的差错，生在一个小职员的家里。

C. 一个浑身黑色的人，站在老栓面前，眼光正像两把刀，刺得老栓缩小了一半。

D. 一边的对联已经脱落，松松的卷了放在长桌上，一边的还在，道是"事理通达心气和平"。

8. 填入下列句中词语正确的一项是（ ）。

老栓慌忙摸出洋钱，抖抖的想交给他，却又不敢去接他的东西。那人便焦急起来，嚷道，"怕什么？怎的不拿！"老栓还踌躇着；黑的人便①_____过灯笼，一把②_____下纸罩，③_____了馒头，④_____与老栓；一手⑤_____过洋钱，捏一捏，转身去了。

A. ①拿 ②撕 ③包 ④塞 ⑤抓　　B. ①抢 ②扯 ③裹 ④塞 ⑤抓

C. ①抢 ②撕 ③裹 ④递 ⑤拿　　D. ①拿 ②扯 ③包 ④递 ⑤拿

9. 下面几个句子是对人物肖像的描写，依次判断正确的一项。（ ）

①肌肤微丰，合中身材，腮凝新荔，鼻腻鹅脂。

②削肩细腰，长挑身材，鸭蛋脸面，俊眼修眉，顾盼神飞。

③一双丹凤三角眼，两弯柳叶吊梢眉，身量苗条，体格风骚，粉面含春威不露，丹唇未启笑先闻。

④两弯似蹙非蹙罥烟眉，一双似喜非喜含情目。态生两靥之愁，娇袭一身之病。泪光点点，娇喘微微。

A. 探春、惜春、李纨、王熙凤   B. 迎春、探春、王熙凤、林黛玉

C. 迎春、林黛玉、王熙凤、李纨   D. 探春、李纨、林黛玉、王熙凤

10. 选出对语段景物描写理解最恰当的一项。（　　）

微风早经停息了；枯草支支直立，有如铜丝。一丝发抖的声音，在空气中愈颤愈细，细到没有，周围便都是死一般静。两人站在枯草丛里，仰面看那乌鸦；那乌鸦也在笔直的树枝间，缩着头，铁铸一般站着。

A. 通过写枯草、寒风、乌鸦，渲染两位老人上坟时的悲凉气氛。

B. 通过景物描写显示周围的静，衬托出两位老人的悲痛心情。

C. 显示出周围的寂静，表现出夏瑜母亲的期待——乌鸦飞上坟顶，鬼神显灵。

D. 显示出清明节坟场凄凉，寒凉和寂静，表现出两位老人的悲痛心情。

二、填空题（每空 2 分，共 20 分）

11. 《红楼梦》是 18 世纪中期我国出现的一部古典长篇小说。作者曹雪芹，名_____，字_____。小说写到 80 回时，曹雪芹贫病而死，后 40 回是_____续写。

12. 《林黛玉进贾府》中，以林黛玉的_____为线索，全面介绍贾府的环境和人物；在人物出场时，采用"先声夺人"手法描写，未见其人，先闻其声的人物是_____。

13. 《项链》按事件的自然进程叙写，以项链为线索展开情节，主要情节有_____、_____、_____、_____。

14. 《药》中华老栓给儿子买回来治病的药其实是_____。

三、判断题（每题 1 分，共 5 分）

15. 《红楼梦》原名《石头记》，是一部杰出的现实主义古典小说，是我国古典小说现实主义创作的高峰。（　　）

16. 《林黛玉进贾府》中作者对林黛玉的体弱多病又寄人篱下寄予了同情；对王熙凤赞美其干练，讽刺其虚伪；对贾宝玉赞其貌美，贬其无才。（　　）

17. 《药》由明线和暗线两条线索贯穿全文，"药"起到了连接这两条线索的作用。（　　）

18. 契诃夫是十九世纪末期俄国杰出的批判现实主义作家，他一生致力于短篇小说创作，代表作有《变色龙》、《套中人》、《哀伤》、《苦恼》、《万卡》、《两个朋友》。（　　）

19. 《项链》的结尾出人意料之外，却在情理之中，表达了作者对人物讽刺的意思。（　　）

四、阅读分析（15分）

忽然她在一个青缎子盒子里发现一挂精美的钻石项链，她高兴得心也跳起来了。她双手拿着那项链发抖。她把项链绕着脖子挂在她那长长的高领上，站在镜前对着自己的影子出神好半天。

随后，她迟疑而焦急地问：

"你能借给我这件吗？我只借这一件。"

"当然可以。"

她跳起来，搂住朋友的脖子，狂热地亲她，接着就带着这件宝物跑了。

20. 下列对"她双手拿着那项链发抖"理解正确的一项是（　　）。（3分）

A. 为能借到这样昂贵的项链而高兴地发抖。

B. 为自己的梦想就要实现而兴奋地发抖。

C. 为急于用它打扮自己又担心不能如愿而激动地发抖。

D. 为好朋友这样信任自己而终于借项链而满意地发抖。

21. 文中的"迟疑"表现了玛蒂尔德借项链时什么样的心情？（2分）

_____

22. 下面的句子表现了玛蒂尔德什么样的心态？（2分）

"我只借这一件"_____

23. 这部分文字写出了玛蒂尔德借项链过程的心理变化，这变化可分为三个阶段：（6分）

（1）_____

（2）_____

（3）_____

24. 这部分文字运用了什么描写方法？（2分）

_____

五、写作（40分）

我们常说"忍一时风平浪静，退一步海阔天空"。"宽容"是宽大，有气量，不计较，不追究的意思，"宽以待人"、"宽大为怀"是中国的古训，要做到"宽容"，必须有开阔的胸怀和全局的眼光，当然，"宽容"不等于纵容，应掌握适度的原则。

请以"让人一步自己宽"为题写一篇文章，要求：

1. 体裁不限，题目可用已给题目，也可自拟（诗歌除外）。

2. 字数600字左右。

第五单元测试试卷

(建议考试时间：90 分钟，满分：100 分)

一、填空题（16 分）

1. 作家作品常识（5 分）

（1）新月诗派的奠基者，在新诗格律方面提出"三美"主张的诗人是_____。

（2）舒婷是与北岛、顾城并称的_____诗派诗人，原名_____。

（3）郭沫若，原名郭开贞，他的诗集_____是中国现代诗歌史上的里程碑，开创了中国新诗的浪漫主义风格。

（4）惠特曼是美国现代诗和现代文学的开山鼻祖，他用几十年时间创作的诗集名为_____。

2. 名句默写（8 分）

（1）那榆荫下的一潭，_____，揉碎在浮藻间，_____。

（2）寻梦？_____。向青草更青处漫溯。

（3）但我不能放歌，_____；夏虫也为我沉默，_____。

（4）啊，我年轻的女郎！_____，_____。

（5）_____，到今朝才得重见天光。

3. 划分下列诗句的节奏（3 分）

（1）轻轻的我走了，

正如我轻轻的来；

我轻轻的招手，

作别西天的云彩。

（2）啊，我年轻的女郎！

我不辜负你的殷勤，

你也不要辜负了我的思量。

我为我心爱的人儿，

燃到了这般模样！

二、选择题（12 分）

4. 下列横线上依次所填的语句，最恰当的一项是（　　）。（3 分）

《再别康桥》共有七节，几乎每一节都包含着一个可以画得出的画面。诗人使用了色彩较为绚丽的词语，_____，如向西天的云彩轻轻招手作别，_____，康河水底的招摇的水草，榆阴下的长满浮藻的清潭等等。而且通过动作性很强的词语，如"招手""荡漾""揉碎""漫溯""挥一挥"等，_____，给人以立体感。

（1）给人带来视觉上美的享受　　　　（2）人们视觉上美的享受靠它给带来

（3）康河里倒影的是河畔的金柳　　　　（4）河畔的金柳在康河里的倒影

（5）把每一幅画面变成了动态的画面　　（6）使每一幅画面变成了动态的画面

A（1）（3）（5）；B（1）（4）（6）；C（2）（4）（5）；D（2）（3）（6）

5. 阅读《哦，船长，我的船长》，下列叙述不符合诗歌意思的一项是（　　）。（3分）

A. 第一节，沸腾的港口和"鲜红的血滴""已浑身冰凉，停止了呼吸"形成强烈的对比。诗人从心底发出了悲鸣："只是，啊！心哟！心哟！心哟！"

B. 第二节，诗人呼唤着船长，也写出了人民对总统的拥护，在这里深情地喊出："船长，亲爱的父亲哟"，表现了人民对总统高尚人格的敬重。

C. 第三节，诗人不能不正视船长已经"没有了生命"的现实。船长的愿望已经实现，而全诗也在海岸的欢呼声与鸣响的钟声中结束。

D. 诗人用象征的手法，把美国比作一艘航船，把林肯总统比作船长，在万众欢腾之中，吟唱起一曲悲歌，塑造了一位伟大人物的形象。

6. 对下面这首诗的赏析，不恰当的一项是（　　）。（3分）

海（臧克家）

从碧澄澄的天空，\ 看到了你的颜色；\ 从一阵阵的清风，\ 嗅到了你的气息；\

摸着潮湿的衣角，\ 触到了你的体温；\ 深夜醒来，\ 耳边传来了你有力的呼吸。

（1956年）

A. 诗人用平实的语言，分别从视觉、嗅觉、触觉、听觉四个方面写出了他对大海的感受。

B. 由远而近、从白天到夜晚，大海给诗人的感觉不尽相同，这些形成了全诗的发展层次。

C. 诗人将自己的感觉加以升华，使大海人格化、生命化，向我们展示出大海的整体形象。

D. 这首诗反映了诗人对大自然壮观的惊喜，也反映了他的人生哲学，表现了一定的人生哲理。

7. 《炉中煤》中的象征暗示主要体现在（　　）。（3分）

A. 将自身化作炉中煤，称祖国为女郎。

B. 借向女郎倾诉爱情，体现爱国热情。

C. 用煤重见天光，体现中华民族的新生。

D. 用煤的燃烧，体现无私的奉献精神。

E. 赋予煤以灵性，代人诉说哀情。

三、阅读分析（62分）

（一）

8. 阅读这首诗，完成下列题目

雪花的快乐

徐志摩

假若我是一朵雪花，

翩翩的在半空里潇洒，

我一定认清我的方向——

飞扬，飞扬，飞扬，——

这地面上有我的方向。

不去那冷寞的幽谷，

不去那凄凉的山麓，

也不上荒街去惆怅——

飞扬，飞扬，飞扬，——

你看，我有我的方向！

在半空里娟娟的飞舞，

认明了那清幽的住处，

等着她来花园里探望——

飞扬，飞扬，飞扬，——

啊，她身上有朱砂梅的清香！

那时我凭借我的身轻，

盈盈的，沾住了她的衣襟，

贴近她柔波似的心胸——

消溶，消溶，消溶——

溶入了她柔波似的心胸！

（1）诗人把自己比作雪花，借此去追求_____。（4分）

（2）文中反复出现"飞扬，飞扬，飞扬"表现出一种_____的执著。（2分）

（3）"她"是诗人美的理想的代称，那么最后一句"溶入了她柔波似的心胸"如何理解？（4分）

（二）

篱笆那边

狄金森

篱笆那边

有草莓一棵

我知道，如果我愿

我可以爬过

草莓，真甜！

可是，脏了围裙

上帝一定要骂我

哦，亲爱的，我猜，如果他也是个孩子

他也会爬过去，如果，他能爬过！

〔注〕狄金森，美国19世纪诗坛的一颗巨星，世界抒情短诗的大师之一。是与惠特曼、哈代、霍普金斯齐名的西方现代诗歌的先驱。其诗不循章法，内容广阔，意象奇特，韵律多变化。她努力挖掘人们内心深处的隐秘，她的诗是外化了的内心感受，被称为灵魂的风景画家。

9.（1）诗中的"草莓"指代什么？"上帝"又指代什么？（3分）

（2）"我"想不想爬过篱笆？能不能爬过？又愿不愿爬过？为什么？（3分）

（3）为什么说"上帝"如果是孩子，"他也会爬过去"？"如果，他能爬过！"是肯定还是否定？（4分）

（三）

重视新诗的语言形式

没有一种文体比诗歌更富有形式感。离开诗体语言，何以言诗？衡量诗人的造诣，首先要看他对①诗体语言的创造能力。诗人的人格魅力，只有通过②语言形式的艺术表现力包含于诗美的魅力之中，才具有诗的价值。我们不能认同抹煞了诗歌形式自身的特性，忽略了诗体语言所独具的诗美能量生成的艺术转化。诗的意义和本质，总是包含于语言形式之中。新诗应是诗意本体与③形式本体的真正融合。

新诗的形式要素，包括内形式（隐喻结构、情绪节奏、心理逻辑等）与外形式

（词语、体式、音节、韵律、色彩等）。实际上，诗的外形式与内形式是不可分的。"外形式"是对诗人的基本技艺和语言素养的显影，形成汉语诗歌特有的形式美，凸现出诗的表征，它具有相对的独立性。没有"外形式"，"内形式"就失去了依据。同样，"内形式"是对诗人的灵魂和生命体验的显影，没有"内形式"，"外形式"也成了空壳。新时期诗歌向内心的突入，促成了"内形式"的建构，而对"外形式"的轻视甚至抛弃，也造成了诗形的严重缺失和诗美的消减，本世纪五六十年代流行的半自由体、民歌体，因缺乏内形式（也有诗情虚假的原因），导致诗意肤浅或空泛。一首优秀的诗歌，总是内外形式健全完美，高度融合。新诗语言形式的生命力，在于发挥现代汉语的特色。既要顺应中国人的现代生活节奏，从大众口语和民歌民谣中汲取活力，又要善于从优秀的古典诗词中汲取艺术营养，接通新旧诗之间的血脉联系；既要从寻根探源中发掘汉语诗意（诗性）的闪光点，在打破和摆脱诗体语言的束缚中建立新的诗体格式，又要将汉语诗歌艺术置于世界诗歌艺术的潮流中，从与其他民族和国家的诗歌语言艺术的对话中显示出新异感和光色。

新诗语言的规则性与心灵抒发的自由性，是一组矛盾。诗人的本领就在于能够在二者的对立统一中获取诗歌创造的自由。亦如跳舞，一旦谙熟舞步，即可从别扭进入自由的状态。确立新诗的形式本体意识，就是要实现新诗创作从"走路"进入"跳舞"的艺术转变。

10. 在第一段作者写到"离开诗体语言，何以言诗"一句，①这句话的含义是（3分）②联系全文看，这句话的作用是？（3分）

11. 在第二段指出了新诗形式要素间的关系，它们的正确关系具体是什么？（5分）

12. 第二段里"空壳"一词具体指的是什么？（5分）

13. 根据作者在文中阐述的观点，下列说法不正确的两项是（6分）

A. 忽略诗体语言所独具的诗美能量生成，就是抹煞诗歌形式自身的特性。

B. 汉语诗歌特有的形式美，主要体现在词语、体式、音乐、韵律、色彩等方面。

C. 从古典诗歌中寻根探源，不只是指向古典诗歌学习语言形式方面的特点。

D. 诗人对诗体语言的创造能力是诗人的基本技艺和语言素养的显现；诗人的造诣就在于既能熟练掌握新诗语言的规则性，又能自由抒发自己的情怀。

E. 新诗的形式本体意识是诗人在创作实践中，认识由模糊到逐步清晰的过程。

（四）

诗的境界

朱光潜

像一般艺术一样，诗是人生世相的返照。人生世相本来是纷繁的，常驻永在而又变动不居的。诗并不能把这漠无边际的人生世相抄袭过来，或是像柏拉图所说的"模仿"过来。诗对于人生世相必有取舍，有剪裁，有取舍剪裁就必有创造，必有作者的性格和情趣的浸润渗透。诗必有所本，本于自然；亦必有所创，创为艺术。自然与艺术结合，结果乃在实际的人生世相之上另建立一个宇宙，正犹如织丝缕为锦绣，凿顽石为雕刻，非全是空中楼阁，亦非全是依样画葫芦。诗与人生世相之关系，妙处惟在不即不离。惟其"不离"所以有真实感；惟其"不即"，所以新鲜有趣。

每首诗都自成一种境界。无论是作者或是读者，在心领神会一首好诗时，都必有一幅画境或是一幕戏景，很新鲜生动地突现于眼前，使他神魂为之钩摄，若惊若喜，霎时无暇旁顾，仿佛这小天地中有独立自足之乐，此外偌大乾坤宇宙，以及个人生活中一切憎爱悲喜，都像在这霎时间烟消云散去了。任举二短诗为例：

君家何处住？妾住在横塘。停船暂借问，或恐是同乡。（崔颢《长干行》）

空山不见人，但闻人语声。返景入深林，复照青苔上。（王维《鹿柴》）

这两首诗都俨然是戏景，是画境。它们都是从混整的悠久而流动的人生世相中摄取来的一刹那，一片段。本是一刹那，艺术灌注了生命给它，它便成为终古，诗人在一刹那中所心神领会的，便获得一种超时间性的生命，使天下后世人能不断地去心神领会。本是一片段，艺术予以完整的形象，它便成为一种独立自足的小天地，超出空间性而同时在无数心神领会者的心中显现形象。诗的境界是理想境界，是从时间与空间中执著一微点而加以永恒化与普遍化。它可以在无数心灵中继续复现，虽复现而却不落于陈腐，因为它能够在每个欣赏者的当时当境的特殊性格与情趣中吸取新鲜生命。（有删改）

14. 阅读第一自然段，回答下面三个问题。（6分）

①诗对人生世相的做法是_____。（限4个字）

②"正犹如织丝缕为锦绣，凿顽石为雕刻"句中"丝缕""顽石"指的是_____，"锦绣""雕刻"指的是_____。（各限4个字以内）

③"不即不离"概括了诗与人生世相的关系，"不即"在文中指诗_____，_____；"不离"在文中指诗_____，_____。（用本段中原话作答）

15. 作者列举崔颢和王维的诗，在于说明诗的境界是由两个要素构成的，请概括说明有哪两个要素。（5分）

要素一：_____；（限8个字以内）

要素二：_____。（限8个字以内）

16. 阅读第三自然段，概括出诗的意境的三个特点。（6分）（均限10字以内）

特点一：_____

特点二：_____

特点三：_____

17. 下列说法不符合原文意思的两项是（　　）。（3分）

A. 诗不是像柏拉图所说的简单"模仿"人生世相，而是对人生世相的取舍、剪裁和创造。

B. 诗的意境能让读者忘记喜怒哀乐。

C. 诗的意境是穿越时空永恒存在的。

D. 欣赏者在读诗时，自身的性格和情趣直接影响到对诗歌意境的理解。

E. 诗的完整的艺术形象是作者和读者共同塑造的。

四、写作（10分）

18. 仿照下面句子的格式另选一物写一组句子。

小草

没有大树挺拔的躯干，

没有鲜花馥郁的芳香，

山崖上的一抹浅绿，

是你生命的绝响。

_____　　　　_____

_____

_____

_____

第六单元测试试卷

（建议考试时间：90分钟，满分：100分）

一、填空题（每空1分，共15分）

1. 《孔雀东南飞》是保存最早的一首_____，它与北朝的民歌《_____》合称"_____"。

2. "乐府"最初是汉代设置掌管音乐的机关，后来就把一种民间流传的诗歌叫_____，简称_____。汉乐府民歌继承了《诗经》的_____传统，对后世文学有深远的影响。

3. 宋代女词人李清照，婉约词派代表，有"_____"之称。这位颇具文学才能的女作家，在宋代众多词人中，可以说是独树一帜。

4. _____，世称靖节先生。东晋末至南朝宋初期伟大的诗人、辞赋家。他是中国第一位_____，被称为"古今隐逸诗人之宗"，著有《_____》。

5. 《孔雀东南飞》首句"孔雀东南飞，五里一徘徊"是一种_____的手法。旨在渲染一种笼罩全诗的缠绵悱恻的氛围；结尾部分（"两家求合葬……"）采用_____手法，表达了人们的_____。

6. 王勃（约公元 650 年—约公元 676 年），_____诗人，字子安，古绛州龙门（今山西河津）人，出身儒学世家，与杨炯、卢照邻、骆宾王并称为"_____"，王勃为四杰之首。

二、选择题（每题 2 分，共 20 分）

7. 下列加点的词与现代汉语意义完全相同的一项是（　　）。

①却与小姑别　②适得府君书　③可怜体无比　④汝岂得自由　⑤五里一徘徊
⑥举言谓新妇　⑦哽咽不能语　⑧昼夜勤作息　⑨便复在旦夕　⑩既欲结大义
⑪本自无教训

A.①③⑩　　　　B.②⑦⑧　　　　C.⑤⑦⑨　　　　D.④⑥⑪

8. 下列各组多义词中，对意义相同的两项判断正确的是（　　）。

①a. 儿已薄禄相　b. 嬉戏莫相忘　c. 黄泉下相见　d. 会不相从许

②a. 相见常日稀　b. 君既若见录　c. 渐见愁煎迫　d. 府吏见丁宁

③a. 阿母谢媒人　b. 多谢后世人　c. 谢家来贵门　d. 谢家事夫婿

A.①bd　②bd　③cd　　　　　　　B.①ad　②cd　③ac

C.①ac　②ad　③bd　　　　　　　D.①bc　②ac　③bc

9. 对下面句子中"书"字解说正确的一项是（　　）。

①十六诵诗书　②视历复开书　③适得府君书　④人多以书假余　⑤相如顾召赵御史书曰　⑥读其书未毕，齐军万弩齐发

A.①②同　　　　B.③④同　　　　C.⑤⑥同　　　　D. 都不同

10. 下列各句的句式不同于其他三项的一项是（　　）。

A. 仍更被驱遣　　B. 汝是大家子　C. 为仲卿母所遣　D. 渐见愁煎迫

11. 对下列句子中加点词含义解释完全正确的一组是（　　）。

A. 始适还家门（女子出嫁）　适得府君书（刚才）

B. 故作不良计（故意）　大人故嫌迟（特地）

C. 幸可广问讯（幸亏）　幸复得此妇（希望）

D. 徒留无所施（用处）　留待作遗施（施舍）

12. 选择没有通假字的一组（　　）。

①终老不复取　②伏惟启阿母

③箱帘六七十　④摧藏马悲哀

⑤幸复得此妇　⑥泪落便如泻

A. ②③④　　　　B. ①③④　　　　C. ①⑤⑥　　　　D. ②⑤⑥

13. 下面对诗句的解说不恰当的一项是（　　）。

A. "方宅"句，意思是说围绕住宅的土地有十来亩。方，围绕的意思。

B. "榆柳"两句，描写了榆柳、桃李遍布房前屋后的情景。

C. "暧暧"两句，远村、墟烟构成一幅远景。"暧暧"与"依依"在诗中是近义词，因此可以互换。

D. "狗吠"两句，描绘了一幅鸡鸣狗叫的农村生活图景，一切那么自然，那么纯朴。

14. 对《归园田居》的赏析，不恰当的一项是（　　）。

A. 诗中描绘的都是极为普通的田园生活情景，却真实地反映了诗人回归田园之后的愉快心情。

B. 诗中用白描手法，简练地勾画景物，从而使诗人感情得到充分抒发，使诗富有画意，生机盎然；

C. 诗中描绘的画面质朴、幽静，表现出一种平和、淡远的意境。

D. "狗吠深巷中，鸡鸣桑树颠"一句的意境，与汉乐府《鸡鸣》中"鸡鸣高树巅，狗吠深宫中"有相似之处。

15. 下列加点字的解释正确的一项是（　　）。

A. 性本爱丘山　　　性：天性、本性

B. 池鱼思故渊　　　渊：河流

C. 暧暧远人村　　　暧暧：温暖

D. 依依墟里烟　　　墟：废墟

16. 下列加点词语解释全都正确的一项是（　　）。

①于是入朝见威王（拜见）　②宫妇左右莫不私王（没有）　③能面刺寡人之过者（全面的）　④虽欲言，无可进者（进谏）　⑤能谤讥于市朝（毁谤讥讽）

A. ①②　　　　B. ③④　　　　C. ①④　　　　D. ②⑤

三、判断题（每题1分，共10分）

17. "结发"指古人到了一定的年龄，才把头发结起来，意指成年，可以结婚。（　　）

18. 羁鸟，是指一种不能飞的，但可以在陆地上快速奔跑的大型鸟类。（　　）

19. 《邹忌讽齐王纳谏》记叙了战国时齐国政治家邹忌讽谏齐威王纳谏的故事，说明人要有自知之明，不要一味喜欢听奉承话；做国君的更要虚心纳谏，才能使政治修明，国家得到治理。（　　）

20. 微命即指"一命"，周朝官阶制度是从一命到九命，一命是最高级的官职。

（　　）

21. 五湖是指太湖、鄱阳湖、青草湖、丹阳湖、洞庭湖，又一说指菱湖、游湖、莫湖、贡湖、胥湖，皆在鄱阳湖周围，与鄱阳湖相连。以此借为南方大湖的总称。（　　）

22. 弱冠：古人十六岁行冠礼，表示成年，称"弱冠"。（　　）

23. 《满江红》蕴含的典故，清楚地表明其诞生地就在庐山东林寺。（　　）

24. 蜉蝣（fú yóu）：一种昆虫，夏秋之交生于干旱之地，生命短暂，仅数小时。（　　）

25. 《唐诗解》中评论：《连昌》纪事，《琵琶》叙情，《长恨》讽刺，并长篇之胜，而高、李弗录。余采而笺释之，俾学者有所观法焉。——对《琵琶行》的定位较为准确。（　　）

26. 《战国策》是一部纪传体史书，别称《国策》，记事年代起于战国初年，止于秦灭六国，约有440年。（　　）

四、把以下句子翻译成现代汉语（每题3分，共15分）

27. 王曰："善。"乃下令："群臣吏民，能面刺寡人之过者，受上赏；上书谏寡人者，受中赏；能谤讥于市朝，闻寡人之耳者，受下赏。"

28. 盖将自其变者而观之，则天地曾不能以一瞬；自其不变者而观之，则物与我皆无尽也，而又何羡乎！

29. 客喜而笑，洗盏更酌。肴核既尽，杯盘狼藉。相与枕藉乎舟中，不知东方之既白。

30. 三十功名尘与土，八千里路云和月。莫等闲，白了少年头，空悲切。

31. 北海虽赊，扶摇可接；东隅已逝，桑榆非晚。

五、古诗背默（共20分）

32. 请背默李清照的《声声慢》一词。（10分）

33. 请背默苏轼《赤壁赋》一文中的第三段。（10分）

六、阅读分析（共20分）

34. 请自选一个角度赏析李清照《声声慢》一词的写作特点。